U0137913

抱朴

拋

朴

*The Poet Kao Ch'i*
*1336 — 1374*

F. W. Mote

［美］牟复礼 著

# 高启

诗人的穷途

上海古籍出版社

颜子楠 译　　叶晔 校

"追忆王崇武——恩师·学者·挚友"

# 目　录

# 原书序言

据我所知,唯一一位严肃讨论过高启的现代学者
是王崇武。王崇武是明史专家,曾就职于中研院历史
语言研究所,直至数年前于北京逝世。他写于 1942 年
的文章《读高青邱〈威爱论〉》(《史语所集刊》,第十二
本,1947 年,第 273—282 页)十分具有启发性,引起了
我研究高启生平的兴趣。我永远感激他在我学习十四
世纪历史时所给予的帮助。我也必须感谢台湾大学中
文系郑骞教授提供的帮助。我学习中国诗歌很大程度
上得益于他的指导。他阅读并指正了本书中数篇诗作
的翻译,尤其是《青丘子歌》。然而,郑骞教授并不曾过
目这部传记,也没有阅读其中的全部翻译,因此书中出
现的错误与疏漏完全是我个人的责任。本书第二、三、
四章的部分内容曾于 1960 年九月在纽约萨芬

(Suffern, New York) 举办的"第五届中国思想研讨会"(The Fifth Conference on Chinese Thought) 上发表。在此，我必须对会议主席与组织者芮沃寿(Arthur F. Wright)，以及当时阅读并指正了相关章节内容的十余位与会者致以谢意。希望他们能够看到，之前的错误已经改正，概念业已厘清，论点也得以强化，这都得益于他们犀利的评论。我也必须要感谢普林斯顿大学出版社的康克莱特(P. J. Conkwright) 在地图绘订方面提供的帮助。同样参与了地图绘订工作的还有陈效兰女士，在这本书从最初构思到最终成型的过程中，她在很多方面都做出了无法估量的贡献。①

---

① 译者注：陈效兰是牟复礼的夫人，二人于 1950 年结婚。

# 引　言

高启通常被视为他那个时代最杰出的诗人，后世
的许多文学批评家更是将他推举为明代第一诗人。
1374年，在大明王朝立国仅七年之后，高启便被朱元璋
处死。表面上看，高启之死是由于其谋反的嫌疑，而实
际上则是一些其他原因导致的。高启死时年仅三十八
岁①。文学批评家们认为，由于天不假年，高启的过人
才华并未让他获得相应的成就。尽管高启在中国文学
史上享有很高的地位，但现在却很少有人知道他，而他
在西方世界则更是寂寂无闻。在中国学者的传统观念
里，明代并不是一个以诗歌著称的时代，而西方又将这

---

① 译者注：全书的论述使用西式记岁法，即未满周岁记为0岁。
而引文多循传统中国记岁法（记虚岁），即出生未满周岁记为
1岁。

一传统观念发展为一种极端的偏见（与此类似的情形还有许多）——元明清时期那些伟大的诗人，几乎无人被西方所知晓。假如我们尝试去了解那些伟大的诗人，那么与其他人相比，高启或许能为我们带来更多的收获。

然而我们仍然需要付出一些努力才能了解高启。暂且不论其诗歌的伟大之处，作为那个时代最杰出的诗人，高启在生前几乎没有获得任何名望，而在其身后的近两百五十年间里，他的死因也为其诗歌的流传造成了一些不自然的阻碍。从某种程度上讲，讨论或称赞高启的行为在当时都是不太被允许的。因此，与正常情况相比，高启的生平事迹在文献中的记载非常粗疏，这更使得高启的诗歌增添了许多不应有的晦涩。

然而我们对于高启的兴趣并不仅仅是其诗歌。我们将尽可能地尝试重构高启的生平，其诗歌主要被当作是历史学者的原始材料，而非独立的艺术作品。我们的目的并不是还原其人应有的诗名。我们把高启看作是一个拥有着非凡艺术天赋的人，他的一生向我们倾诉着那个时代的重要性。透过高启，我们可以更好地理解他所生活的时代、地域、社会与文明。在高启的诗歌中，我们发现了一系列令人惊异的敏感记录，关乎其日常生活中的大事与琐事，以及那个时代更为宏大的历史事件是如何影响了像他那样的普通文人。这或许能够让我们更好地理解高启人生的意义以及那个时代的意义。作为一部历史学者的作品,这便是这部传记所要努力追寻的目标。

　　高启的一生反映了研究中国历史时一些有趣而重要的事情。在明代官方的历史传记中,涉及高启的内容仅有一页(《明史》,卷二八五,百衲本,第21b页),长度不足两百字。考虑到墓志、哀辞,以及早期传记材料的写作背景,那个时代并不允许其他人为高启提供一个全面、客观的生平记录。因此,尽管历史学者不得不依赖这类文献,但它们其实不足为据。然而,作为那个时代的重要诗人,作为在当时诸多事件中都扮演了重要角色的人,高启的生平确实具有特殊的历史意义。如果仅仅基于少量的、受到限制的传记材料和历史档案,高启的一生几乎无法被重构。本书是要尝试重新为高启构建更为完整的生平,这不仅要用到现存的常规文献,也要使用那些往往不被历史学者关注、至少是不甚仔细或者未能详尽使用过的材料——这里我主要指的是高启及其友人、同僚们所写的诗歌,以及他们的其他文学作品。这些来自高启的社交圈的作品在本书中将被用作主要的史料,借此展现中国历史与文学之间所形成的奇特而紧密的联系。在中国学界有一句箴言"文史不分家",这一洞见及其必要性虽被广泛接纳,

5

却并未被充分地实践。本书针对高启的生平及其所处时代进行研究，是为了尝试将这一箴言尽可能全面地付诸实践，至少一部分初衷是为了开拓这一历史研究的路径。

对于学习中国古代文化的中国学生而言，高启的重要性主要体现在文学领域。恐怕也只有学习中国文学的学生才会将高启视为诗人，除非我们（西方人）也能够阅读高启的诗歌原文，或者阅读那极少数的、忠于诗歌本身的翻译。然而即便是出色的译者，也只能为中国文学世界打开一扇很小的门。尽管高启的诗歌对于历史学者而言是令人激动的材料，但它们始终强烈地引诱着历史学者去忘记历史，将其单纯地看作是艺术作品。在最理想的情况下，历史学者应是亚瑟·威利（Arthur Waley）、①埃兹拉·庞德（Ezra Pound）、王红公（Kenneth Rexroth）之类的人物。② 在这本书中，

---

① 毫无疑问，亚瑟·威利是与众不同的，他兼具了历史学者、诗人和汉学家的资质。

② 译者注：亚瑟·威利有译著《中国诗歌一百七十首》(*A Hundred and Seventy Chinese Poems*)，撰写中国诗人传记《白居易的生平和时代》(*The Life and Times of Po Chü-I*)、《李白的诗歌和生涯》(*The Poetry and Career of Li Po*)、《十八世纪的中国诗人袁枚》(*Yuan Mei: Eighteenth Century Chinese Poet*)等；埃兹拉·庞德有译著《中国》(*Cathay*)；王红公有译著《中国诗歌一百首》(*One Hundred Poems from the Chinese*)。

我非常拘谨地翻译了一些诗歌,而这些翻译其实本应由一位更高水平的诗人译者(poet-translator)来进行处理;此处的翻译仅仅是用作历史文献,这显然有损于高启诗歌的艺术性。然而在很多情况下,诗人译者无法避免地会选取其他诗歌,而史学译者(historian-translator)或传记学译者(biographer-translator)则必然会选取特定内容的作品。那些能够揭示出最有趣的事实的诗作,往往并不是那些将最伟大的艺术成就具象化的诗作——伟大的作品或许很难被成功地翻译。但就中文原文来看,我认为在高启的所有作品中,只有少量的作品不太匹配他的诗名。通过这本书,我也希望高启能够得到其他诗人译者的关注,这或许能够稍稍挽回一些我对高启诗歌艺术性的伤害。有朝一日,西方或许能够真正理解高启在文学领域的重要性。

　　本书对于高启其人的兴趣,主要是由"诗人高启"所引发的。在重构十四世纪中国文明的过程中,像高启这类人物的生平与思想非常重要。尽管他很向往官场,也已经步入了仕途,但他并未拥有长久且荣耀的仕宦生涯——高启做出的选择及其背后的动因是很耐人寻味的。同时,高启并不是一个拥有独创成就的思想家,但在中国近世的文人群体中,高启恰是某种重要文人类型中的典范。我们之所以能够重新构建高启的一

*6*

生，是因为他的人生态度让我们很感兴趣，同时也启发着我们。值得一提的是，高启的身上流露出了一种中国独有的"英雄主义"（heroism）观念，而且他对这种观念有着强烈的执着。这是一种儒家英雄式的美德，与西方通常表述里的英雄主义存在巨大的差异。这种英雄主义反映了中国人的宇宙观，并且将中国文化传统中的人文价值具象化。因此，举例而言，尽管本书的章节标题与托马斯·卡莱尔（Thomas Carlyle）的《诗人英雄》（Hero as Poet）或《文人英雄》（Hero as Man of Letters）在字面上是相通的，但这并不构成直接的类比。① 高启的英雄主义观念在他的生平与作品中是很含蓄的，这或许值得我们试着去阐释并理解它。此处至关重要的是一系列概念：一个良好的社会，个人将其现实化的责任，诗歌的表达功能（英雄个人在面对这些价值观时如何进行表达）和现实功能（英雄个人如何将这些价值观念付诸实践）。一旦理解了以上这些概念，我们便能够解释诗歌在中国传统文化的各个面向所发挥的作用；如果只是将中国文明与我们的西方文

---

① 译者注：本书第四章标题为《英雄诗人》（The Poet as Hero）。此处《诗人英雄》与《文人英雄》指的是托马斯·卡莱尔《论英雄、英雄崇拜和历史上的英雄业绩》一书中的两章，分别讨论但丁、莎士比亚，以及约翰逊、卢梭、彭斯。

明进行简单类比,那么我们可能无法观察到这些问题。
至于高启,尽管他是当时最伟大的诗人,但这并不是西
方所理解的"职业诗人"的概念。伟大的诗人从来都是
非常罕见且值得珍惜的,不过这也并不意味着作为一
个诗人就必须要特立独行,举止反常。尽管高启惊人
的诗歌造诣确实展现了其伟大的人格潜力,但在时人
心中,高启被认同并非因为他的诗歌生涯。当高启在
仕途上遭遇坎坷的时候,诗歌很可能取代了更为宏大
的理想;而当他仕途顺畅的时候,诗歌本身并不是高启
所追寻的目标。因此,无论是刻意的,抑或是无法避免
的,这本书都不足以成为一部高启的文学传记;这本书
仅仅尝试将高启的诗歌当作一面镜子来审视其人。这
应该不会为高启原本期许的价值观带来太大的伤害。

# 第一章

## 序幕：盐贩、书吏、僧人

大约在十四世纪中期，一群怪异的人物登上了中国历史的舞台，他们几乎不具备以往主宰着这一舞台的演员们的特点。这就好比，一出正式的戏剧中场暂停，迎来了一幕很长的过场，一大群配角与小明星来到了舞台的中央。台上是一个大杂烩，全是些盗贼、恶棍、暴徒、流氓、小丑、跟班。业余演员们的达人秀暂时取代了正式的剧目，此时的舞台上充斥着混乱无序的短剧本。

然而实际上，这幕混乱的过场并非中场休息，而是将经典的剧目主题发展出新的变体。在过场结束之前，正式的剧目已经从中再次衍生出来，一系列相互关联的戏剧逐渐取代了那些同时进行的大杂烩表演，直到整个舞台都被占据。在十四世纪 70 年代结束之前，一部自称为"大明"的崭新连续剧开始霸占中国历史的舞台，并足足延续了 276 年。从数十年的混乱到 60 年代突然的戏剧性高潮，这个转变看似是从舞台边缘产生的。没有人意识到这一转变的开端，也没有人预测到一位长身瘦脸、出奇丑陋、身披僧袍的怪异年轻演员会最终变身为新的英雄，但事实确是如此。这位天赋异禀、僧袍加身的非典型业余演员，正是大明王朝的开国皇帝朱元璋。

　　大明之前的王朝是蒙古人建立的大元。在成吉思汗的领导下，蒙古人对中国以突袭劫掠为主。在其继任者窝阔台汗的领导下，蒙古人用武力控制了中国北方的大部分领土。最终，在成吉思汗的孙子忽必烈汗的领导下，蒙古人于 1275 年至 1279 年间完成了对中国的征服。他们逐渐把目标从突袭劫掠变为以统治实现持续性的压榨。对于忽必烈而言，成为中国的皇帝要比成为蒙古各部的可汗更为重要。但无论是忽必烈还是那些能力不足的继任者，他们的见识都很难超越掠夺与剥削，无法看到为政的本质。忽必烈或许尝试履行其身为统治者的责任，但却没有什么成就。他的继任者们大都庸碌无闻，其中多位皇帝在短暂的统治后暴毙而亡，他们的统治也被贴上了"苛政""暴行""不仁之治"的标签。对于中国人而言，大元意味着一个痛苦的时代，在这一百年间，百姓的生计、国家的政权与古老的文明都走向了严重的衰败。

从十三世纪早期的蒙古入侵开始，反抗蒙古统治者的叛乱活动便一直存在，但是由于蒙古人的绝对军事优势，这些叛乱并没有真正成功过。十三世纪晚期，也就是忽必烈统治时期（1260—1294），也有一些汉人试图推翻这一极具压迫性与歧视性的异族政权。到了十四世纪，忽必烈的继任者们似乎对此漠不关心，逐步放弃了对于帝国的有效掌控。在 50 年代，全国各地的叛乱都公然挑战着帝国的统治，尤其是中原的东南地区——现在安徽和江苏的北部，以及山东西部。这一地区以淮河流域为主，夹在黄河下游与长江下游之间，是相对贫困的。在十二世纪初期，这一地区曾被金人的侵略以及随后的严酷统治所破坏；在十三世纪初期，这一地区又因为蒙古人对中国北部的征伐而遭受荼毒。到了十四世纪上半叶，这里的人口已然大量减少，年复一年的饥荒、瘟疫、干旱和蝗灾更加剧了这一状况。与此同时，由贫困和痛苦导致的混乱让当地的地方政府愈发感到无能为力。进一步恶化的状况逐渐引发了更大范围的动荡。最终，在 1351 年，黄河泛滥，河堤崩溃，河水漫延至淮河流域，大水所及，哀鸿遍野。次年，一位胸怀大志的高级官僚急于建立自己的声誉①，他从对此事漠不关心的蒙古朝廷处获得了修复河堤、恢复黄河故道的许可。尽管这位官员的水利工程构想是值得敬佩的，但其征召本地劳工的手段为朝廷引来了更多的恨意，并且为此后大规模的暴乱制造了契机。数十万民众遭受奴役，在军队的监督下疏通河道、修复堤坝，并且被迫自己准备口粮。将大量心存不满、忍饥挨饿的农民聚集在一起并非明智之举，任何有煽动力的领导者都会趁机使他们变成一支因绝望而起事的队伍——的确有人抓住了这个机会。

叛乱的领导者来自不同的地区，但是他们拥有一些共同的特质。这些领导者都来自社会底层，家境贫寒，很多是文盲或是近乎文盲的农民。此外，许多人都有暗中秘密从事宗教活动的背景，这些宗教活动将强大的魔幻教义与虚妄而不切实际的社会目标和政治目标相结合。淮河地区一直是白莲教的重要据点。白莲教是佛教的一种世俗化形态，充分吸纳了民间宗教的迷信成分。白莲教在中国流传了近千年。在五世纪初，原始的"白莲社"还只是高度哲学化的宗教结社，但

---

① 译者注：这位"高级官僚"是指工部尚书、总治河防使贾鲁。

它后来逐步发展为"白莲教"，变成了"白莲社"的对立面。最终，这一秘密教派宣扬"弥勒下世""往生净土"，并且预言逢千年之期会有"大劫在遇"。因此，白莲教极具危险性和反叛性。此前历朝历代都曾镇压过白莲教，但它在某些地域的普通民众之间依旧根深蒂固，在蒙古统治晚期的淮河地区正是如此。然而，这一教派的弥勒信仰似乎与其他世俗化的教派并无差异——其他某些教派则吸纳了唐代摩尼教的教义。在这些教派中，弥勒象征着"白阳"，代表了能够战胜黑暗的光明力量。这也是一条具有反叛性的教义，宣扬着对现世的不满；更糟糕的是，信徒们越发确信，光明的力量很快就会征服世界。绝望产生希望，因此，普通百姓愈发绝望，就愈发愿意铤而走险，跟随那些自称为"弥勒"转世或"明王"化身的首领们加入叛乱。实际上，这两种教义及其信奉的主神被无奈地混淆了，在普通人眼中，它们是一个整体。到了十四世纪中期，这些教派的首领们偷偷将信众聚集起来，焚香聆听关于苦难世界的末日预言。或许是受到了摩尼教的影响，白莲教教派的象征色也从白色变为红色，以此代表火焰、光明、征服的光芒。在白莲教诡秘的宗教传统中，信众以焚香作为主要仪式，因此他们渐渐以"香军"闻名于世。又因为这些教徒使用红色旗帜，并以红巾裹头，他们也被称

12

为"红军"或"红巾军"。他们确立了一个政治目标，即恢复于 1279 年被蒙古所灭的大宋。此时，韩林儿自称为宋朝皇室后裔，又号"小明王"。他的家族数代以来都积极地参与白莲教的活动。韩林儿的父亲当年在恢复黄河故道的工程中抓住了机会，散布民谣"石人一只眼，挑动黄河天下反"，并且制作了一个独眼石人像，将其埋在即将挖掘的河道之中，让那些被征召来的农民苦役可以轻易地找到。当石像被发现时，则刚好印证了他的预言，于是人们就被煽动了起来。这一地区变得动荡不安，几位红巾军首领纷纷建立了地方政权，他们宣称恢复大宋，抗击元朝统治。蒙古人与这些叛军不时进行交战，却无法动员足够的军事力量将其彻底击溃。对于令人憎恨的蒙古政权来说，这的确是灭亡的开始。

红巾军运动缺少明确的引领者，他们只是因为教义中的某些方面达成了共识，因而松散地联合在一起。这一运动所波及的区域非常广大，历史学家在习惯上认为红巾军拥有两股主要势力。一是北方或东方的势力，以淮河地区为主，同时涉及邻近省份，也就是现在的江苏、山东、河北、河南的部分地区。二是西方或南方的势力，以长江中游地区为主，其主力部队集结在现在的湖北。整个运动的起始很有可能是基于彭莹玉一

13

个人的行动而引发的。彭莹玉是袁州(现在的江西)一所寺院的僧人,是一位热心且善于煽动的组织者。早在1338年,在彭莹玉的影响下,他的弟子领导了五千人的农民叛乱,但这次的组织并不是很完善。与此后1901年的义和团有些相似,他们在衣衫前后书写"佛"字,以此来祈求刀枪不入的护佑。地方军队轻松镇压了这个不太成熟的叛乱企图,彭莹玉则逃亡到了淮河地区,继续着秘密颠覆活动。彭莹玉是唯一一位积极参与了东西两股势力的组织者,也一直是西方势力中最主要的领导者。

不过,白莲教的教义无法让叛乱者坚守纪律,其组织无比松散。在这一场大规模的运动中,没有一位领导者能够成功地动员起所有的潜在力量。整体来看,东边的势力承认韩林儿的主张,坚守着恢复大宋的鬼话,但韩林儿只是一个傀儡,任由狡猾的刘福通摆布。1355年,他们改换了新的年号"龙凤"。西边的势力则自称"天完",首领是徐寿辉。1351年,他被彭莹玉拥立为帝。当这两股势力最终产生利益冲突时,他们也像对待蒙古敌人那样毫不犹豫地攻伐对方。然而在1351年,他们的叛乱大体上是协同的,波及的范围从山东西南地区蔓延到长江流域,越过了湖北与湖南的边界。他们将蒙古帝国切割成了两部分,并且这两个部

14

分再没有被连接起来，直到后来明朝建立、蒙古人被逐
出中国，它们才再度归于统一。

实际上，元代末期的红巾军并非第一批成功反抗
元朝统治的队伍；而当这些焚香之人开始四处作乱的
时候，世人都清楚，蒙古人已经无法继续维持其在帝国
大半土地上的统治力，甚至连假装维持也做不到了。
残酷的党争割裂了蒙古朝廷。朝廷畏惧汉人，不愿意
给汉人官员以实权。蒙古统治一直仰仗的军事力量如
今也被削弱分解，军队是蒙古朝廷仅存的实力，然而朝
廷上各个派系的领导者们在残酷地争夺着军队的控制
权。由于蒙古常备军已被解体，不再继续驻防中原地
区，所以朝廷所能驱使的最强悍的军事力量并不在此。
相比之下，某些依旧对朝廷忠心耿耿的官员所招募的
地方部队才是朝廷所能真正倚仗的力量。蒙古官员察
罕帖木儿就是其中之一，他的家族定居于现在的河南
一带，①并且和当地的汉人通婚。察罕帖木儿拥有卓越
的军事能力，当 1352 年中原及周边地区都发生叛乱的
时候，他组织了一支以族人和亲友为主的部队，意在保
障蒙古朝廷的权威，并恢复当地的秩序。起初的数次
胜利使他获得朝廷授予高位。他平定了中国北方的大

---

① 译者注：察罕帖木儿祖居河南颍州沈丘，今属河南周口，处豫皖
交界。

部分地区，并于 1359 年在开封击败了红巾军——韩林儿曾在此地被刘福通拥立为"大宋"皇帝。不过，察罕帖木儿和另一位充满妒意的蒙古将领孛罗帖木儿产生了冲突，在 1360 年，二人率军互相攻伐，不再征讨叛军。蒙古朝廷没有能力让双方和解。还有另一位蒙古将领也集结了大量军队，那便是富有政治野心的丞相脱脱；脱脱在朝廷中枢任职，因此他果断地控制了朝廷的政治运筹。1352 年，脱脱剿灭了曾于一年前占领徐州的红巾军，杀掉了农民叛军的首领"芝麻李"，迫使其他叛军逃亡至淮河地区。1354 年，脱脱继续进攻，接连在高邮和江苏北部地区击败了张士诚。时人认为脱脱即将继续西进，消灭淮河地区的叛乱活动。然而，朝廷开始忌惮权势熏天的脱脱，将他流放到遥远的西南边陲，并在次年年终之际将其谋害。脱脱之死让朝廷失去了最有魄力的高官。这也导致其他一些原本忠诚的官员开始意识到，继续为蒙古政权效力并没有意义。同时，这也让潜在的叛乱分子更有勇气来反抗蒙古朝廷。孛罗帖木儿与察罕帖木儿的派系则愈发分裂，争端日盛，很大程度上降低了其守护蒙古政权的效率。1362 年，察罕帖木儿遇刺，行凶者是他曾经宽恕过的归降叛军。他的养子扩廓帖木儿（其实是他的外甥，来自他姐姐的汉人家族，因此并非蒙古人，但被赋予了一

15

个蒙古人的名字）①继承了他的军队和官职，很快便成为蒙古阵营中最强有力的人物。扩廓帖木儿在为父报仇、派系争斗、建立北元等事上有着显著的表现。无论是以"扩廓帖木儿"这一胡名还是以"王保保"这一汉名传世，他无疑是那个时代最有能力的人物之一。后来朱元璋亦视其为当时最有能力、最值得敬佩的敌手。尽管扩廓帖木儿的事迹一直延续到十四世纪70年代，其中包括许多精彩的军事胜利，但他依旧深陷于其中的派系斗争的严重内耗，使得他无法确保任何持续性的功绩。因此在50、60年代，蒙古政权逐渐萎缩消失，整个中国陷入了无序和混乱的状态，尤其是中原地区和一些北方省份。不仅仅是红巾军，各地怀有野心的叛乱者也开始为自己争夺据点，然后自封为王，最终僭称"天命"。

然而本书关注的只是中国的"东南"一隅。这个称呼从地理上看其实并不准确，不过历史上通常以此指代长江下游三角洲地区。在中国历史上，这一地区也

---

① 译者注：扩廓帖木儿的族属存在争议。《明史·扩廓帖木儿传》视他为汉人："沈丘人，本姓王，小字保保。"但其父（赛因赤答忽）墓志（1990年秋洛阳出土）称他是蒙古人："系出蒙古伯也台氏。……配佛儿乃蛮氏。……子三人，长扩廓铁穆迩……忠襄以母舅氏，视之如己子，遂养于家。"

被称作"江右"或"浙西"①，二者都是自古以来的固定称谓，曾作为帝国行政分区的早期名称加以使用。这一地区在历史上或是诗歌里也被称为"吴地"，一方面是因为本地的方言是"吴语"，另一方面则因为此处曾是东周时期的吴国以及三世纪吴国的疆域所在。然而，"吴地"在地理上的指向性是很模糊的，有时指的是整个长江下游地区，有时指的是苏州府，有时指的是由现在的南京市、上海市、杭州市形成的三角洲内的一些府县。正是这个位于长江以南、与大海相邻的三角洲引起了我们的注意，我们就称其为"东南"。南宋时期，帝国曾在此建都（杭州，后称为临安），这一区域里另一个重要的城市是苏州。这里是中国最为富庶且人口最多的地区。在蒙古统治时期，尽管帝国的政治中心在北方，即现在的北京市，但这里一直是全国的文化与经济中心。举例来讲，1393 年的人口普查显示（元代末期之后，明代初期的第一次大型人口普查），仅苏州府在册的人口数量就有近两百五十万人；同时，北方人口最多的山东省，全省的人口数量也不过五百二十余万人。在元代，臣子们的奏章中经常提到富庶的东南地区；苏

18

① 　译者注：江右包括江西一带，而浙西则有江东即江左地区，二者并不完全等同。

州及邻近四府所提供的赋税通常占到了全国赋税的百分之七十。尽管这种说法有些夸张，但东南地区确实每年都要通过漕运和海运向北京输送粮食，因此对于大元朝廷而言，东南地区的经济地位尤为重要。

淮河地区在长江以北，毗邻东南经济中心。淮河地区算是中国北方，是相对边缘的、以种植小麦为主的旱地耕种区。而东南地区则算是中国南方，是郁郁葱葱的水稻种植区，生活更为富足。与周边地区相比，东南地区基本上保持着平静的氛围，或许是因为没有严峻的经济压力，遭受苦难的民众并不多。在蒙古统治时期，东南地区能够较好地维持当地政治与社会的稳定。然而无论是野心勃勃的叛军首领，还是忠心耿耿的元朝臣子，他们都将东南地区视为必争之地，能否掌控这一地区的资源对于双方的成败都至关重要。本书以东南地区为中心，不可避免地也要关注其相邻地区的叛乱活动。最重要的几件事是：两名盐贩举兵造反，一位书吏成为叛军首领，还有一个僧人由土匪变为吴王，并最终称帝。在十四世纪50、60年代，他们是混乱的东南戏剧中的四位主角。

19

## 方国珍

第一名盐贩是方国珍。在史书记载中，他身材高大，外表惊人，强壮异常，有着黝黑凶悍的面容。[1] 他不是一个胸怀大志的人，也并非天赋异禀、品格出众。显然，方国珍并不是参与争夺天命的人选，只是一个爱惹麻烦的人，一个典型盗贼首领，除了利益之外并不在意其他。方国珍来自浙江沿海的台州（现在的临海市），其家族一直以海上贩盐为业。食盐是朝廷垄断的重要资源，也是国家税收的来源，其重要程度仅次于农业。食盐的生产与经销都有着严格的规定，然而非法运输和贩卖食盐的利润实在丰厚，因此盐贩们往往会在合法贩盐活动的掩盖下从事非法走私。

1348 年，方国珍家族的仇人向当局告发，称方国珍与浙江沿海某位恶名昭彰的海盗从事非法贩盐的勾当。官家派人捉拿方国珍，被他提前获知此事，在杀掉告发者及其全家后，他与自己的三个兄弟和家人一起逃亡海上，做起了海盗营生。在接下来的几年里，他攻打并掠夺了温州、台州等沿海城市，前来征讨的官军也经常被他击退。1351 年之后，红巾军在淮河地区的叛乱活动威胁到京杭大运河，截断了东南地区通向首都的粮船漕运，因此朝廷迫不得已与方国珍议和。如果方国珍能够让其水师守卫长江下游地区，并在有需要

---

[1]　译者注：按《明史·方国珍传》记载："方国珍……长身黑面，体白如瓠，力逐奔马。"

的情况下通过海路将粮食运到北方，那么朝廷便允诺给方国珍封官。方国珍拒绝了一些在内陆地区的官职任命，他很清楚自己与朝廷漫天要价的资本正是其水师——方国珍拥有各类大小船只千艘以上。他最终接受了朝廷授予的官职，是因为他希望减少来自朝廷的压力，为自己谋求更广阔的活动空间。但是他几乎没有为朝廷效过力，也没有获得什么直接利益。此外，方国珍是一个奸诈背信的投降者，他曾多次摒弃与朝廷的联系，屠杀朝廷官员，掠夺朝廷据点，并再次回归海盗营生。在寻常年代，像方国珍这样的人是不可能屡次成功的，因为朝廷会调集足够的力量将其剿灭。但在这个时代，朝廷被全国各地的叛乱所困扰，迫不得已需要向一些叛军示好，承认他们的合法地位并给予他们在朝为官的机会。然而方国珍只对劫掠感兴趣，他愚弄朝廷，全凭自己的一时兴起和眼前利益，时不时地利用或放弃朝廷提供给他的合法地位。每当中央政府变得虚弱时，地方军事豪强便会使用这种手段——有些人物甚至在这种情况下趁势而起，建立勋业。不过，方国珍缺乏这种眼界，他始终不过是一个强盗头子。尽管他确实对东南地区的安全稳定造成了威胁，但作为他的对手，那些更有野心的地方军阀却并没把他太当回事。他们和蒙古朝廷都知道，方国珍虽奸诈，却并不是心腹大患。

最终，方国珍获得了一个陆地据点，并保留了他的水师实力。1356年，被逼无奈的朝廷再次尝试对其进行招抚，一方面是为了压制附近的其他叛军，另一方面则是为了通过海路将粮食运输到北京。朝廷授予了方国珍浙江温州、台州、宁波三座沿海城市的管辖权。方国珍接受了这一官职，而且确实提供了一些船只，象征性地向首都运送粮食。作为这三地的地方长官，方国珍辖下的人口数量约有两百万，有了这个坚实的基地，他可以继续向内陆发展。在此后的几年里，方国珍也确实也向内陆地区有一些动作。然而，方国珍似乎无法将其水师实力转化为陆军实力，作为行政长官也显得颇为无能。尽管他的军队像海盗那样劫掠了一些富庶的内陆城市，但他所控制的地盘却基本没有变化。十年间，方国珍依旧占据着这三座城市，其势力范围既没有扩张也没有缩水。直到1367年底，他被迫承认了明朝的统治。几年之后，方国珍便去世了。纵观十四世纪60年代，方国珍扮演了相对中立的角色；1367年，他没有选择继续抵抗朱元璋，而是接受了招降，还因此获封虚衔，但他不过是一个被羁押在明朝首都南京的囚徒罢了。

元朝末期，在东南三角洲地区南线的故事也就到此落幕了。

# 张士诚

张士诚同样以贩盐起家。他是泰州人，泰州位于今天的江苏境内，坐落于长江北岸、扬州以东，在两淮盐区的南部。与方国珍相似，张士诚也有兄弟三人相助，他的家族也在经营盐业。然而，张士诚运盐依靠的不是海运，而是内河航道上的驳船和小舟。非法经营的利润依旧可观，张氏兄弟通过朋友和下属分销大量私盐，从而聚集起了众多追随者。在 1366 年之前不久，出身东南的陶宗仪曾在书里写道，张士诚及其同党有着宏大的计划，现在他们纠合起一群忠诚的属下，只是为了实现其计划的第一步。① 陶宗仪同时写道，法律与秩序的全面崩溃，人民所面临的经济压力，尤其是 1351 年之后大范围的红巾军运动和其他一系列叛乱，促使张士诚这种窝藏反心的人愈发肆意大胆。

1352 年，张士诚的一位富人朋友公然策划了一场叛乱，但当地官员事先闻知了消息，将此人收捕入狱。此事导致张士诚及其党羽在次年策动了另一场叛乱，

---

① 译者注：可参阅陶宗仪《南村辍耕录》卷二十九"纪隆平"条。此书刊行于 1366 年。

但在举事之前，张士诚的追随者卷入了谋杀本地官员及富室人家的案件，这迫使张士诚不得不提前下手。他带领着自己的同党和下属，同时召集起那位下狱朋友的部下，又从受到严重压迫的盐丁中招募了更多追随者，一起袭掠了泰州城及周边城镇。张士诚的叛乱活动逐渐扩大，于1354年占领了三个地区：长江北岸的通州①、通州以北的泰州、更北方的高邮。张士诚比方国珍更有野心，他自称"诚王"，僭号"大周"，改元"天祐"。之后，张士诚围攻并占领了附近的大城市扬州，由此截断了京杭大运河。此时，丞相脱脱率领一支大军来到淮河地区，决心剿灭当地的叛乱。脱脱在高邮将张士诚的部队彻底击溃，就在几乎能够将其全歼之际，皇帝听信了那些嫉妒脱脱权势之人所进的谗言，将脱脱解职。张士诚则趁机从高邮暂时撤退，并于次年在更远的南方地区重新组建了自己的部队，这是他事业的转折点。从东南三角洲以南渡江而来的一位追随者告诉张士诚，江南地区的财富唾手可得，并成功劝他相信，占据江南方可为来日计。张士诚谨慎地先派遣其弟带领部分军队渡江探察，自己则率余部在1356年初占领了苏州及周边地区，并以苏州为都城。经此，张

23

_____

① 译者注：今江苏南通。

士诚掌控了帝国最富庶的区域。除了苏州之外，这一地区还包括现在江苏境内的松江、常州，以及浙江北部的嘉兴、湖州、绍兴、海盐①。1358年之后，张士诚占领了杭州，这意味着从太湖以东到东海沿岸，这最为富庶的东南三角洲的三分之二都在张士诚的掌控之下。此外，他依然占有长江以北的大部分地区，尽管这些地方人口偏少、生产力相对较弱，但也不乏一些富裕的盐场，因此充满了潜在的收益。

无论以何种角度审视，张士诚都是十四世纪50年代后期中国迭起的众多叛军中最强劲的一支。他所控制的地区虽然有限，但却是富饶之地，辖下的一千二百余万人约占全国人口总数的五分之一，农业税收入占全国总收入的三分之一，盐税收入则占全国总收入的一半以上。张士诚据守几大都市，掌控着重要的经济中心和贸易路线——长江三角洲和京杭大运河南段。他拥有丰盈的粮食储备和密集的人口，借此可以募兵练卒。尽管坐拥这些地缘政治资本，张士诚却并未以此为基础发展出一套积极的军事策略。1357年底，一支中国中部的凶悍苗军接受了元廷扫荡叛军的征召，深入这一地区镇压张士诚部，张士诚遂与元廷议和，放

① 译者注：海盐今属嘉兴市。

弃了自己的年号与头衔，接受了朝廷册封的太尉之衔。他保留了自己的地盘、财富和部队，唯一的责任是每年向大都运送十一万石粮食，而运粮的船只则由同样投降了元廷的方国珍提供。张士诚所任命的"大周"官员被迫接受了元朝的其他官衔，不过这些只是表面上的变化，与此前并没有实质性的差异。如此一来，驻扎于杭州的苗军便成为张士诚的盟友，他于是假借联盟之名，暗中伏击并杀死了苗军的统帅，在兵不血刃的情况下占领了杭州。元朝在和张士诚的同盟中没有得到任何好处。1363年，张士诚也认为继续同盟已然无利可图，因此他再次宣布独立。这一次他自称"吴王"，建立宫殿，模仿旧制设立朝廷。此时的张士诚拥有数万军队，控制的地盘从山东南部直到杭州周边地区，西抵长江以北的安徽边境和长江以南的太湖。张士诚手下有数位能征善战的将领，另有一群著名的文人在其官僚体系中任职，同时装点着朝廷的门面。依仗着巨额的税收，张士诚得以享受奢靡的生活，并且襄赞艺术和文学活动。无能的蒙古政权正在迅速瓦解，张士诚看起来像是最有可能成功的皇位竞争者。然而在1367年，张士诚的王朝走向覆灭；在被西边的对手朱元璋囚禁之后，张士诚自杀身亡。

史书称张士诚"迟重寡言"，尽管他貌似能力出众，

25

但实则头脑糊涂，缺乏远谋。[1] 史书亦称，他的财富为其败落埋下祸根。张士诚日渐腐化，他挥霍无度，骄纵无忌，怠于朝政。尤其是他的弟兄和一些高官贪于聚敛，搜刮了大量的金玉珠宝、古书名画，在府邸日日宴饮、夜夜笙歌。张士诚手下的将帅同样受此风气的影响，他们耽于享乐，无视攻战之令，动辄称病或找寻其他借口推诿。驻扎在领地边境的防卫部队甚至也像张士诚一样沉迷于日夜不断的奢靡享乐。1353 年至1354 年间，只有十八位随从的张士诚攻下了高邮城，当时的他是一位耀眼的英雄。而十余年后，身为富甲一方的"吴王"，他却被享乐所腐化，完全丧失了成为皇帝的可能。历史学家认为张士诚是自取灭亡，我们将以更为聚焦的视角来检视这一论断。


## 陈友谅


陈友谅是湖北沔阳出身贫寒的渔家子，沔阳位于长江中游的汉口附近。作为一个男孩，陈友谅曾接受过一些基础教育，至少其文字能力足够胜任地方政府

---

[1]　译者注：按《明史·张士诚传》记载："士诚为人，外迟重寡言，似有器量，而实无远图。"

的低级书吏之职。然而，陈友谅的脾气颇为暴戾。一位占卜者曾预言陈友谅必定会扬名显贵；[①]从其生平来看，陈友谅也确实像是一个粗暴凶悍之人，无休无止地追求着荣华富贵。十四世纪 50 年代，陈友谅加入了西方的红巾军势力，连续谋杀长官并取而代之，最终登上高位。而陈友谅的故事也正是从他的长官兼受害者徐寿辉开始的。

徐寿辉是十四世纪中期历史上的一个丑角。他同样出身湖北中部，头脑简单，甚至有传言认为，他之所以成为布贩子，恰恰是因为他没有能力从事其他任何工作。徐寿辉理应一辈子以布贩为营生，但历史上的一次意外改变了他。1351 年，在不断宣扬"弥勒降世"的教义长达近十五年之久并且秘密组建起红巾军后，彭莹玉认为是时候发动新的叛乱了。在早期的失败中，彭莹玉培养出的首领基本均已被俘虏或处决，因此他正需要一个相貌不凡的人物作为起事的傀儡首领。彭莹玉无意间结识了徐寿辉，他被徐寿辉的高大身材和雄伟外表，以及那单纯头脑的可塑性所震撼。彭莹玉让徐寿辉作为新的红巾叛军首领，此后，叛军在这一年占领了湖北中部的一些地区。这时红巾军的优势在

26

---

① 译者注：按《明史·陈友谅传》记载："有术者相其先世墓地，曰'法当贵'，友谅心窃喜。"

于拥有一位杰出的将领倪文俊，他击退了蒙古政权的反击，确保了叛乱的成功。1351 年底，徐寿辉称帝，建立起新的红巾军政权，国号"天完"，定都汉口东边的小县城蕲水。

1351 年叛乱的扩大化令蒙古朝廷几乎失控，因此当时大多数的反叛活动是成功的。西方红巾军的叛乱从一开始就极其顺利。1352 年，红巾军攻占了汉口并且迁都于此，之后又攻占了武昌，继而扩张至现在的湖北、湖南、江西的大部分地区。红巾军将领的游击范围很广，他们包围并攻占沿途的城市，但在离开时又将其舍弃。其中一支部队向东行军到江苏、浙江境内，于1352 年攻占了杭州并短暂驻扎。不过，彭莹玉从人们的视野中消失了，而徐寿辉无法真正地统帅部队。1356 年，倪文俊自封丞相，徐寿辉则成为他的傀儡。此时的天完政权领土广袤、军队众多，但是缺乏有效的行政管理与政权规划。它没能确保疆域的相对稳定；除了少数重点地区之外，也没能在其他地区延续其统治。天完政权未曾有效地发掘占领区的潜力。倪文俊原也出身贫困的渔家，他的日渐专横使其逐渐与其他共同起事的伙伴们产生了隔阂。最严重的事件当属明玉珍率部脱离，作为独立的军阀势力在四川活动。终于在1356 年，倪文俊试图谋杀无用的傀儡徐寿辉，却以失败告终了。倪文俊逃入部队据守的要塞,反被自己的副将刺杀。这位野心勃勃的年轻副将并不比倪文俊更相信红巾军的教义,他只是一直期待着从叛乱中为自己谋取利益——此人便是陈友谅。

在杀死自己的长官之后,陈友谅取而代之,坐上了天完王朝的第二把交椅。他立刻为这场已然暮气沉沉的叛乱活动注入了新的效率与活力。在此后的三四年里,他激进而冷酷地侍奉着天完王朝。到了 1360 年,陈友谅不愿再继续服侍无能的徐寿辉。当徐寿辉决定向下游迁都时,陈友谅正在安徽境内的长江流域征战,战线向东推进至江苏边界。陈友谅最终同意了迁都,因为他看到了一个机会。当徐寿辉及朝廷官员到达时,陈友谅将他们带入了高墙深垒的江州(现在的九江),并且把他们全部杀掉了。他挟持了徐寿辉,使其多苟延残喘了一段时日。不久后,陈友谅成功拿下了小而坚固的堡垒采石矶(位于安徽、江苏交界),命亲兵在一艘用于近战攻击城墙的楼船上以铁锤击杀了徐寿辉。此后,陈友谅没有什么耐心挑选良辰吉日,也没有准备正式的仪式,他在匆忙之间占领了一座本地的庙宇,在一个暴风雨的夜晚,在摇曳的火光旁,自立为新的"汉朝"皇帝。陈友谅下令,让天完朝廷的官员(也就是徐寿辉部下尚未被屠杀的那些人)全部依本职侍奉新的朝廷。这些官员被迫于次日清晨身穿官服，在江滨沙地上觐见新君，庆贺天命的转移。当天风雨大作，典礼在如此恶劣的天气下进行，没有人认为这是一个好兆头。陈友谅不合时宜的急躁心态使其成为后世史学家眼中的笑料，但在当时，他那强大的军事实力，以及他作为首领所展现出的穷凶极恶的残暴性格，使得整个长江下游地区都在畏惧他的下一步行动。

陈友谅的军队包括一支凶悍的陆军与一支活跃于内河航道的强大水师。在中国军事史上，水师的重要性很容易被忽视，尤其是在长江地区，那里充满了相互连接的水道与湖泊。在这个区域里，无论是叛军还是朝廷驻军都非常依赖水师。陈友谅的下一步行动是向更远的东方进发，试图占领南京（当时称作集庆）。南京是朱元璋的基地，也是东方红巾军势力在南线的前哨站。然而陈友谅被算计了，他的军队遭遇了伏击并被击溃，因此他只能回到自己的船上，溯江而退。在接下来的几年里，陈友谅与朱元璋之间的较量一直在持续。西边的陈友谅和东边的张士诚将朱元璋夹在中间。陈友谅曾经尝试策划与张士诚共同夹击朱元璋，但张士诚忙于享乐，而且张士诚多少也会感到畏惧，因为即便是成功之后，陈友谅也未必会是一个好相处的邻居。正是由于张士诚的迟疑少决，朱元璋得以将其全部水师用于对抗陈友谅，迫使陈友谅向上游退却，而且朱元璋也攻占了陈友谅的一些重要据点。

终于在 1363 年，陈友谅与朱元璋在江西鄱阳湖进行决战，这是中国历史上几次最重要的水战之一。陈友谅的部队已经做了很长时间的准备工作，他的水师阵列气势磅礴，由一百余艘大型楼船组成，这些楼船借助风帆和船桨移动，弓箭手可以从高高的城堞上射击下方的小船。陈友谅及其家人和朝廷的全部官员也都在船上，他们乘坐的是以铁片为装甲的巨型楼船。朱元璋的小型战船和数量较少的水师与陈友谅的部队鏖战了三天三夜。最后，风向有变，小型战船高机动性的优势得以发挥。朱元璋将燃烧的木筏送至陈友谅坚固的水师阵前，将楼船悉数焚毁，恐慌也随之而来。陈友谅被流矢射中身亡，他的朝廷官员和大部分士兵或是溺毙，或是烧死。此役终结了陈友谅开创的汉朝和西方的红巾军势力。

当时的史家，包括朱元璋的一些僚属，都认为陈友谅的失败要归因于一系列侥幸的意外。但陈友谅急躁的性格也确实导致他做出了一些未经深思熟虑的行为，而且他的政治手段既凶残，又短视。陈友谅有着极强的执行力，但却不太懂得变通，没有做出具有建设性的行动，也没有周详谨慎的规划。回想采石矶那慌乱

30

的时刻，从徐寿辉被击杀的那一夜开始，这个汉朝的短命已然是可以预见的了。

# 朱元璋

在那个动荡时代的任何一个人眼中，身为僧人的朱元璋应是最不可能登上历史舞台的人。1328年，他出生于淮河流域最贫困地区的一个赤贫农民家庭。四十年之后，他开创了新的"大明"王朝，作为开国皇帝明太祖见载于史书中。在少年时代，除了听外祖父讲故事之外，朱元璋没有接受过任何教育。他的外祖父以风水占卜为业，自称于1279年宋朝灭亡之际，曾作为宋军中的士兵参与反抗，他所在的那支军队被蒙古人一路驱赶到了广东。他曾在远方颠沛游荡，做过很多奇怪，甚至是玄妙的事情。他的这些故事充满了迷信与农民的智慧，对于一个少年而言，自然是留下了非常震撼的印象。

为了减轻家中的负担，朱元璋不得已在少年时期便从事劳作，替富有的邻户放牛。在举家徙居到安徽北部的平原地区后，他们共耕开荒，但在朱元璋的少年时期，这一地区屡屡遭受旱灾、饥荒、蝗灾和瘟疫。

1344 年,朱元璋十六岁时,一场疫情导致他的父母和两位兄弟在数日之内相继离世。[1] 朱元璋在儿童时期体弱多病,为了让他能够安稳地度过一生,父母曾将他舍身给佛祖以求庇佑。如今,朱元璋成为无助的孤儿,再没有能够保障其衣食住行的其他方式了,而此时正当践行此前的诺言。朱元璋仅存的兄长与他商量此事,都认为这是当下最好的选择——朱元璋前往附近一座矮小破败的庙宇,成为了小沙弥。这其实意味着他变成了寺庙的行童,负责照料香火、洒扫佛堂、垦锄菜园,以此换取一张睡觉的草席和每天两顿稀少的素斋。

31

不过这座寺庙也同样被当时凋敝的经济状况所困扰,甚至都无法为这个新人提供稍许的关怀。来到寺庙还不满一月,朱元璋便得到了一身打着补丁的僧袍和一个钵盂——这是让他去游走乞讨,算作是成为职业僧人前的历练。大约在三四年间,朱元璋游荡于淮西地区,也就是现在的安徽与河南。我们不太清楚这些年间发生了什么事情,但大致可以确定的是:朱元璋在这几年中与在此地根基颇深的红巾军建立了联

---

[1] 译者注:据郎瑛《七修类稿》卷七收录的洪武二年(1369)危素所撰《皇陵碑》碑文:"岁甲申,皇考及皇妣陈氏俱亡弃,长兄与其子亦继殁,时家甚贫,谋葬无所。"因疫病离世的应是朱元璋的长兄及其子,并非其两位兄弟。

系；他与几位少年时的玩伴一直保持着联系，这些人后来成为了他的士卒；他还联络到了一些重要人物，这对他日后的发展起到了关键作用。此后的1348年，当朱元璋二十岁时，他回到了那座寺庙，并在此居住了三年。同样，我们也不太清楚这段时间他做了什么，但是看起来，朱元璋在此期间开始读书习字，准备成为正式的僧人。然而这几年并不太平，全国各地竞相叛乱。1351年，黄河泛滥需要修筑堤坝，本地的红巾势力一直处于暗潮涌动的状态。1352年，附近濠州的红巾叛乱成功，为首之人是郭子兴。相比之下，朱元璋很可能更关心以上这些事件，而非研习佛法或是处理寺庙事务。

1353年初，朱元璋感到在寺庙的生活变得岌岌可危，原因是一支蒙古军队来到了这一地区，试图遏制濠州叛乱的蔓延。① 然而这支军队并不敢直接进攻红巾叛军，只是在周边的乡村大肆搜捕潜在的通敌者。僧众尤其可疑，因为红巾军信奉的"弥勒降世""驱逐元虏"的教义多由僧众散播。僧众往往会将单纯的村民聚集起来，焚香传教，煽动造反。此外，朱元璋曾在教义盛行的淮河地区游荡数年，此事众所周知。二十多年后，朱元璋撰文记录了他在这一时期的生活：他曾

① 译者注：濠州今属安徽凤阳。

经收到友人寄来的书信，劝他加入濠州的叛军。与此同时，蒙古军队正在竭力恐吓僧众，以阻止民众被邪说蛊惑；军队焚毁了一些寺庙，朱元璋寄身的寺庙正是其中之一。一方面，朱元璋被更加激进的反叛生活所吸引；另一方面，他也担心如果继续留在此地，或许会被朝廷抓住当作替罪羊。在迟疑不决之际，他屡次占卜，求助于神佛。最终，朱元璋还是丢下了僧袍和钵盂，逃往濠州，以亲兵的身份加入了郭子兴的部队。[①]

朱元璋个子很高。他长了一张长脸，头骨上有一个突出的脊，还有一个下垂的、突出的下巴，宽大的斜眼和一个扁平的鼻子。他的丑陋相貌让人印象深刻，但并不惹人生厌。即便年纪轻轻，他也给人一种近乎凶悍的压迫感，令人生畏。朱元璋是天生的领导者，头脑机敏，足智多谋，精力充沛，勇敢无畏。他在郭子兴的帐下很快便得到提拔，初为亲兵长，后来成为备受信任的副将，再之后则成为郭子兴养女的丈夫。郭子兴

---

① 译者注：此文为洪武十一年（1378）朱元璋重新亲撰的《皇陵碑》，亦见收于郎瑛《七修类稿》卷七。按碑文所记："友人寄书，云及趋降。既忧且惧，无可筹详。傍有觉者，将欲声扬。当此之际，逼迫而无已，试与智者相商。乃告之曰：'果束手以待罪，亦奋臂而相戗？'智者为我画，且阴祷以默相。如其言往卜去，守之何祥。神乃阴阴乎有警，其气郁郁乎洋洋。卜逃卜守则不吉，将就凶而不妨。即起趋降而附城，几被无知而创。"

33 的父亲是有名的数术占卜师,曾与一位富家女子成婚;郭子兴继承了家中的财富,广施钱财,挥金宴饮,培养出一批自己的追随者,其中大多是些富有活力和野心的同乡青年。郭子兴很早便被红巾军的教义所吸引,支持焚香活动,并在暗中煽动民众。1352 年初,红巾军叛乱在远近各地纷纷获得成功,郭子兴感到时机已然来临。他顺利地招募了上千人,攻占了濠州。众人无不乐意聚集于成功的首领麾下,因此他的部队迅速扩充。部队被划为五路人马,分设五位元帅,[①]只要有可能夺取胜利或是进行劫掠,他们可以自由地对任何地方发起攻击。

然而,郭子兴并不适合担任统领。五位元帅相互嫉妒,不服调令,无意合作。他们在取胜时骄矜自傲,在败落时又互不信任。1354 年秋天,蒙古丞相脱脱率领三万大军南下至叛乱地区,首先攻打了红巾军在徐州的据点。徐州位于濠州西北百余里,是"芝麻李"的大本营。脱脱攻克徐州,杀死了"芝麻李",击溃了红巾军。徐州的两位红巾首领逃往濠州,加入了郭子兴的部队。他们虽是空手而来,却仍希望能掌握军权、享受尊荣,这在一定程度上威胁到郭子兴的领导地位。朱

---

① 译者注:当时攻占濠州的五路人马,分别以郭子兴、孙德崖、俞氏、鲁氏、潘氏为首。五人一并起事,同称"元帅"。

元璋察觉到了这种暗流涌动的气氛，虽然他确实因郭子兴的赏识才得占高位，如今也确实拥有一些人马，但他认为，此时的郭子兴缺乏决断力，派系争斗此起彼伏，继续待在这里对他的前途而言无甚益处。因此在1354年，朱元璋取得了独自前往南方征战的许可，组建了自己的独立部队。很多人迅速聚集到了朱元璋的麾下——朱元璋打出的旗号依旧是红巾军，支持着那个冒牌货韩林儿所僭称的"大宋"。在这些追随者中，多数都是朱元璋少年时期的同乡好友，是与他一样没有受过教育的混混，但这些人的战斗能力毋庸置疑。此外还有两三位受过教育的人，他们了解历史，为朱元璋的执政理念建言献策。他们指导朱元璋如何管理下辖地区，并使他萌生出效仿汉高祖的想法——一千五百年前，汉高祖刘邦也是崛起于草莽，开创了中国历史上延续时间最长、最为辉煌鼎盛的王朝之一。

朱元璋在那一两年里体验了独自领导部队的滋味，成功在南京对面、长江北岸的一小块区域站稳了脚跟。1355年末，朱元璋渡过长江，并于1356年初攻下南京。由于各地的红巾叛乱，蒙古朝廷的统治区逐渐萎缩，当时的南京已经被孤立，与其他中心城市断绝了联系，东有张士诚部，南有方国珍部。朱元璋继续在江北保有一小片领地，并大肆向南扩张，直到占领东南三角区域的三分之一，也就是太湖以西的地区；同时，他在安徽南部、江西东部都有一小块领土。在南京周围，朱元璋的势力范围约有半个省份大小。在1360年，此地的人口数量大致有八九十万；与东边张士诚的领土相比，南京地区无论是农业生产力还是其他资源都显然更加贫瘠。以这一区域为根基，朱元璋缓慢而谨慎地向外扩张，他打出的口号是注重经济、严明纪律、循序渐进。① 大约有六七年的时间，朱元璋一直在夯实基础，目的是建立稳固的政权与强大的军队。1363年，朱元璋被迫与西方红巾军势力的首领陈友谅进行了殊死缠斗；胜利之后，他知道自己已是天时在握。郭子兴在长江以北的根基已经瓦解，早在朱元璋渡江之前，郭子兴便被迫逃到朱元璋处寻求庇护，并于1355年去世。

朱元璋与僭称"大宋"皇帝的韩林儿之间也发生了类似的关系转变。红巾军在淮河地区创立的王朝同样因内部与外部的压力而瓦解，韩林儿则愈发依赖于忠实拥护者朱元璋的力量。这种愈发强烈的依赖感体现在朱元璋的官爵头衔连年晋升。1361年，朱元璋被封为"吴国公"。1363年，韩林儿也被迫逃到朱元璋处寻

---

① 译者注：此处应是作者将"高筑墙，广积粮，缓称王"的口号进行了适合英文表达的处理。

求庇护,在其掌控的江北之地建立了临时都城。次年,朱元璋自称"吴王";而在此前一年,朱元璋东面的敌手张士诚刚刚自立为"吴王"。韩林儿和他的"大宋"王朝已经成为累赘,朱元璋也愈发无视韩林儿,全凭自己的意愿行动。终于,在1366年结束之前,朱元璋策划了一场方便的意外,处理掉了韩林儿和他所拥护的"大宋"王朝。朱元璋派遣了一位忠心的下属护送这个冒牌货渡江来南京;在渡江的过程中,船沉了,韩林儿淹死了。光复大宋的闹剧也就此为止了。

如今,朱元璋要努力结束长达数十年的混乱状况,让中国恢复大一统的局面。他最后的阻碍便是张士诚建立的另一个吴国政权。除掉这一阻碍大约花费了朱元璋一年的时间。1368年,朱元璋拥有了足够的能力与北方剩余的蒙古势力对抗,也开始了对南方其他叛军势力的扫荡。与此同时,他自立为帝,开创新朝。这不再是由过度激进的叛军首领在不成熟的条件下所创立的另一个伪朝。作为出身于淮河地区的赤贫文盲僧人,朱元璋在1368年确确实实地继承了天命。正如人们预料的那样,他为期三十一年的统治强韧有力、系统有序。他将成为中国历史上最残酷狠戾的暴君,而那些早在他还是落魄的行脚僧时就与他结识的人众,或许并没能预见到这个状况。关于这一点,后续的故事

36

里还有很多要讲。

在十四世纪中期，上到蒙古统治者，下到最穷困的农民，每一位中国人的生活都充满艰辛，无法预测。在此时快速崛起、囊获颇丰的必定是些暴虐强悍、胆大妄为之人；而中国文化中更为常见的儒雅博学之士，却不会在这一时期取得成功。眼下的世道是自由竞争、强者生存，有修养的人反而会被其学识所限制。传统的文化积淀使他们谨慎多虑，在面对暴力时束手束脚，而且他们通常在军事方面有所欠缺。然而，饱学之士中也有一些胸怀壮志、心系家国之人，他们又能做什么呢？他们所接受的儒家伦理教育使他们站在正统的一边，而具有正统性的蒙古皇帝却很明显并不配拥有天命。蒙古统治者滥用天命，甚至在绝望之际，无奈地将天命拱手赠与方国珍、张士诚那样的土匪——这是对正统性的嘲讽。饱学之士所秉持的人文理念使他们非常关注社会的福祉，然而在那个时代，只有军事强权才能支持有效的行动，他们的文官素养无法得到施展。面对此种情境，他们如何为社会服务？学识使他们理解何为历史，使他们深切反思在以往动乱时期那些伟人们所遵循的道路；学识也使他们理解何为悲剧，使他们意识到在一个注定要被邪恶力量支配的时代，任何

37

行动方案都是徒劳的。但是，学识也培养了他们的文学感知力，让他们得以领略文字的优美与强劲。对于某些人而言，诗歌与文学创作甚至可以赋予如此动乱的年代些许意义。在这样一个世界里，盐贩、书吏、僧人，甚至是他们那些无耻下流的同伙都可以占据主角的位置，而饱学之士和诗人又将何去何从？这理应是属于他们的世界，那些理由深植于其文化传统之中，但很明显，他们没有丝毫希望来实现主宰世界的愿景。

高启就是这样一位学者和诗人。他的生平是典型的中国式悲剧：身为文明的士人，却身处注定要被武力支配的时代。

# 第二章
# 苏州的年轻诗人

高启的家族数代以来一直生活在苏州城,到了十四世纪中期,他们已经自视为长洲本地人了。长洲是苏州的两个附郭县之一,位于苏州城东,也就是城市的东半边。吴县与长洲县相邻,位于苏州城西,历史更为悠久。长洲县是唐代时从吴县分割出来的。一般来讲,"吴"指代的是两个县,也就是苏州全城;当然也可指代苏州府全域,因为其府治位于苏州城内。高启有时被称为"吴人",不过他家族的宅邸则坐落于城墙的东北角内,另外在城东长洲县的吴淞江边,他的家族也拥有一些乡下的田产。① 高启

---

① 高启住在苏州城的"北郭",这看似是指他住在城市的北墙之外,而且他确实有一些"北郭"的朋友,然而以他诗作的内部证据来看,他的宅邸其实位于城墙之内。

生于 1336 年，其家族作为大元的子民，户籍归属于长洲县。

然而高启的家族并非一直是吴人，也并非一直住在长江三角洲地区（该地区在中国历史上被称为"南方"）。他们是在宋代时南下，来到了当时的都城临安。1126 年，金兵入侵，宋朝皇帝被迫逃离了都城开封，南渡后定都杭州，并将之改名为"临安"。尽管被称为"临安"，但这座城市实际已经变成了南宋的固定都城，因为朝廷再也没能恢复北方的故土。大多数移民在十二世纪早期逃亡至此，并最终在南方定居，高启的家族便是其中一例。1279 年，当蒙古人统一中国时，他们中没有任何人回到北方。甚至到了 1368 年，明朝恢复了北方的统治，汉人再次统一天下，这些南渡士绅家族的后裔也几乎无人北归。他们成为了南方人，更喜欢南方水路交错的富饶绿野和绵软青山，而不是北方的荒凉风景和艰苦生活。他们现在只会讲地道流畅的吴语，吃南方的食物，饮南方的黄酒，穿南方的丝绸，享受南方闲适优雅的生活方式。不过，他们也没有忘记北方的祖先，因为北方是古老的象征。直到此时，中国的悠久历史通常主要在北方的中原地区上演。在那漫长的历史中出现过的某些地名和人物，正是许多南方新移民所神思向往的祖先。高启的家族可以追溯到北齐王

朝的奠基人,历史上被称作"神武皇帝"的高欢。550 年
至 577 年,北齐统治着中国北方的绝大部分地区,其都
城邺城(现在的临漳)位于河南的东北角。① 高启在《赠
铜台李壮士》一诗中曾经提及了他的祖先,"铜台"正是
与北齐故都邺城有关的诗歌典故:

> 我祖昔都邺,神武为世雄。
>
> 至今铜台下,子弟习其风。②

40

这四句之后的诗歌内容涉及许多历史典故,表达了高
启对北方人物英雄气概的景仰之情。面对李壮士,高
启尝试通过这种方式使对方认同自己的"北方"身份。
有时候,高启在诗文下的署名是"渤海高启"。渤海郡
位于山东北部的沿海地区,③此地是高欢的故乡;在推
翻东魏统治、奠定北齐王朝之前,高欢被冠以"渤海王"
的头衔。此外,高启也曾使用"齐人高启"作为署名。
"齐"是山东的代称,北齐在立国之时就选定了这一国
号。因此,这段显赫的历史深深地烙印在高氏家族的
记忆中,像高启这样的年轻诗人也为此感到自豪。然

---

① 译者注:今属河北邯郸。
② 《青丘诗集》卷四,第 16a—b 页。全诗共三十句,此为首四句。
③ 译者注:今河北沧州一带。

而,这段历史并没有什么实际意义,因为他们的家族与北方没有任何联系。高氏的家谱中记载,北齐之后的数代族人都居住于北宋的都城开封,在1126年靖康之变后,他们跟随朝廷从开封逃往杭州。<sup>①</sup> 高氏家族的成员可能一直都在朝中为官,但他们并不算是名门望族。高启都不曾提及其他声名显赫的祖先,无论是世代居住于开封的高氏家族,抑或是后来迁徙到杭州的高氏家族。很明显,从577年短命的北齐王朝灭亡,到现在高启本人所处的时代,高氏家族中的任何成员都没有在史书中留下过传记,也没有获得过任何名望。作为低级官僚,这个家族的族长或许曾从杭州迁移到苏州,并且定居于此,但这到底发生于南宋时期还是元朝初年就不得而知了。

高启的祖父和父亲均有名可查,但他们的其他信息则未见记载。从高启一首诗中的用典可知,他在早年就失去了双亲。<sup>②</sup> 他的兄长名为高咨,高咨的两个儿子与高启年纪相仿。高启在诗文中曾提及他的两位侄子、几位堂兄弟和某些远房族人。不过,高启的家族不

---

① 高启在《送高二文学游钱塘》诗中(《青丘诗集》卷八)提到,他见到了来自开封的高二。高二途径苏州前往杭州,也自称是渤海高氏的后裔。高启在诗中明确表示,在此次会面之前,他并不知道另有一支高氏宗族一直住在开封。

② 《青丘诗集》卷二,第17b页。诗题为《风树操》。

大，在娶妻成家之前，高启仅对兄长高咨颇为依赖，家族对他的影响微乎其微。高启师从何人已不得而知，但他明显接受了极好的教育，学习儒家经传注疏、史书典籍与诗文辞赋。这种教育是为出仕而准备的，更确切地讲，是为了科举。在正常情况下，科举考试是入仕的唯一途径。然而元代的科举并不"正常"，其运行受到诸多限制，且科场腐败丛生。因此，不少符合资格之人拒绝参加科举考试。对于蒙古人和与其一起入主中原的色目人而言，他们拥有更加便捷的入仕渠道，并在朝中占据高位，这使得留给汉人的普通仕途变得缺乏吸引力。① 但到了元朝末期，许多汉人确实出任了一些相对显贵而重要的副职，这使他们略感欣慰，也使其仕途展现出些许价值。纵观整个元代，汉人自始至终都在致力于科举，就好像科举系统还在正常运行一样。因此，准备科考的生活对于一个年轻人来讲还是很正常的，尤其是那些有足够能力支持这种生活的家族——对于他们来说，投身科场已然成为一种家族传统。然而在大多数情况下，科考之后的仕宦生涯或是前途未卜，或是不尽如人意。高启的青年时代应该就是在准备科考中度过的，他的创作中留有很充分的间

① 译者注：此处的"汉人"（Chinese）包括了元代"四民分等"下的汉人和南人。

接证据,不过在其生平传记里却没有任何直接的记载。

十四世纪40和50年代,高启在苏州城里逐渐成长。在东南三角地区,苏州城是规模仅次于杭州城的大城市。杭州城位于苏州城西南约二百六十里,是前朝故都,也是全国最大的城市。我们对于当时苏州城的了解,源于1379年刊行的《苏州府志》,苏州城正是苏州府的府治所在。据《苏州府志》记载,在1374年人口统计时,两县在籍的人口数量超过了六十万,加上城外邻近的四个辖县,苏州府的总人口达到了近两百万。① 元代中期的数据很可能不太准确,当时认为苏州城所在的平江路总人口约有五十万,② 而在同一时期,杭州城所在的杭州路总人口则接近两百万。尽管这一

① 译者注：据《(洪武)苏州府志》卷十"户口":"本朝洪武四年抄籍本府所辖长洲等六县,计……一百九十四万七千八百七十一口。长洲县……计三十五万六千四百八十六口。吴县……计二十四万五千一百一十二口"。则此处人口普查的时间应为洪武四年(1371),而非洪武七年(1374)。见卢熊纂修:《(洪武)苏州府志》,明洪武十二年(1379)序刻本,《原国立北平图书馆甲库善本丛书》,第306册。

② 译者注：此处计元代平江路的人口数有误。据《(洪武)苏州府志》卷十"户口":"元朝至元二十七年,始括户口至四十六万六千一百五十八户。"此为户籍数,而非人口数。按《元史》卷六十二《地理志》:"平江路……户四十六万六千一百五十八,口二百四十三万三千七百";"杭州路……口一百八十三万四千七百一十(注:至元二十七年抄籍数)"。可知元代中期平江路的人口实际多于杭州路。

人口数据可能过高或过低（过低的可能性更大），但却可以证实，苏州城位于当时中国人口最多的区域，全路在册的人口数量甚至超过了北方某些行省的总人口数，苏州城内以及近郊的人口数量很可能达到二十五万。尽管在中世纪欧洲或东方的其他区域，城墙的作用是将黑暗与简陋的乡村生活分隔在外；但对当时的苏州城而言，城市之内与周边乡村的生活方式并不存在明确的分界。当时正处于中华两千年帝国史的中期，但也是中华帝国文明整体演进的晚期，在大多数方面，这与欧洲历史上相对应的"中世纪"并不相似。尽管在行政效率水平与文化发展面向上，蒙古的入侵意味着帝国史的低谷，但这依旧无法与欧洲的"黑暗时代"相提并论。即便是处于低谷期，中国经济的发展水平、生活的精细程度、文化与精神的纵深，都与文艺复兴时或早期的现代欧洲相类似。对于在蒙古时期前往中国的马可·波罗或者其他的欧洲旅行者而言，与中国城市的繁荣程度相比，当时欧洲最好的城市也不过是粗鄙的乡村。苏州正是中国最富有活力的城市之一，周围的乡村也融入城市生活，而西方的"前现代"时期并非如此。

苏州城的外观即是证明。不规则形状的城墙包围着广大的土地，以或凹或凸的优美曲线围绕着一些区

域。元代晚期新建的城墙周长大约四十七里。与北方
城市相比,苏州城的城墙略显矮小,墙高仅约六米。城
墙由灰色的砖石材料制成,上方置有城垛,城墙内外都
有加固的城门与城壕。不过,这些并不会使苏州城的
外观形同堡垒。低矮开阔的城市坐落于绵延的绿色乡
野之上,寺观与官署的雄伟屋顶高耸而宽广,屋脊缓缓
扬起的曲线并不会为城墙所遮掩。城墙内外的寺观宝
塔让城墙显得更加矮小。苏州城有六座陆门、五座水
门,繁忙的城市生活从这些城门延伸出去,并不需要城
墙的保护。周围的建筑群落包括了宅第和商铺、市场
和客舍、船坞和邸店、寺观和集市。繁华的城市生活向
周边区域延伸,与集镇、乡村生活融为一体。熙熙攘攘
的人群经由陆路和错综复杂的水路,日复一日地进出
城市。寓居于城市的居民或是巡视自己的乡间田宅,
或是游赏寺观与风景名胜,或是从园林别墅进入城中
采买,或是前往城市中心处理公私事务。

44

苏州城因制造某些商品而闻名,市场和商铺也出
售来自远方的物产。它是全国性的娱乐中心,既有本
地的戏剧与音乐,也有杭州和北方的曲种。最重要的
是,它是学术与文艺的中心,聚集了当时诸多伟大的作
家、学者与画家,他们被这里相对和平、远离纷扰、异常
富庶的环境所吸引。1379 年刊行的《苏州府志》中提

到："吴中自昔号繁盛，四郊无旷土，人无贵贱，往往皆有常产，以故俗多奢少俭。"①书中继而描绘了每年的节庆时日，以及欢愉的人们如何奢侈地组织庆祝活动："岁首即会于佛寺……亲友有经岁不相面者，多于此时相见……正旦，则家饮屠苏，门燃火盆。立春日，门题帖子，以春盘辛菜为会集之供。十三日，以糯谷爆于釜中，名'孛娄'，亦曰'米花'，每人自爆，以卜一岁之休咎。上元影灯巧丽，他郡莫及。"②类似的记载贯穿全年，从细节处展现了苏州人对于休闲与审美的热爱，以及他们年复一年的幸福生活。

长江在苏州城北约一百六十里处，入海口距离城东约二百四十里。在苏州城西大约八十里处，是东南三角洲中的广袤水域——太湖，无尽的湖水或是向北流入长江，或是向东汇入大海。太湖周边是全中国最富饶的稻米种植区，这里风景极佳，环绕着层叠的山丘和上千座小岛。太湖岸边有不少寺观和乡村别墅，渔村与农庄密布于此。这里的水路连接着东南地区所有的重要城市、京杭大运河与长江干流，因此是防守东南

① 译者注：见：卢熊纂修：《(洪武)苏州府志》卷十六"风俗"。原书将《苏州府志》原文中的"吴中"译作"苏州"。
② 译者注：见：卢熊纂修：《(洪武)苏州府志》卷十六"风俗"。原书英译有不见于《苏州府志》的句子，也有未翻译完整的句子，或为作者意译所致。

地区的战略要地。此外,这里无数的港湾可以成为强盗们的藏身之所,同时也为周边那些想要逃离喧嚣生活的人们提供了隐匿的去处。

在太湖以西,地域的特征逐渐变化。东南三角洲的最西边有着更多的山地,那里更为贫瘠,人烟稀少。尽管这里依旧是葱郁的南方,但其自然资源和地理财富与三角洲东边三分之二的土地相比要差很多。这里最大的城市是南京,位于苏州城西北约三百二十里,但据古老的地方志记载,两个城市之间的水路共有七站,全程五百八十八里。南京在元代被称为集庆;在南北朝时期,大约从三世纪到六世纪,南京一直是南朝的首都。它的历史重要性不是源于周边各县的财富,也不是源于对天然商业路线的控制,而是源于其作为军事要塞的战略意义。从历史传统来看,南京有"帝王之气",这也就意味着它是政权之所在。南京是一个天然堡垒,长江回曲于西北,紫金诸山拱卫于东南,正所谓"龙蟠虎踞"。然而在宋代末期和元代,南京并不是苏州、杭州那样的大城市。在元代中期,集庆路的总人口仅有一百万左右,不及苏州所在平江路人口的一半。当朱元璋于1356年占领集庆路时,《明实录》中记载其"得军民五十余万",可见此地衰败之甚。十四世纪40年代的杭州也多少有些衰败,主要是因为连续两年的大火

(1341年和1342年)烧毁了四分之三的城区,而到了50年代,战争对杭州造成的破坏尤其严重。在高启的前半生,苏州城及其周边一带逐渐变成了整个东南最富有且最幸运的地区,在元末整体秩序崩溃和生计衰颓的情况下,苏州比其他地区更能保持其传统的繁荣状态。

然而,从高启的诗作中无法看出他在这一时期的生活记录。高启自十几岁起便认真写诗;在二十六岁那年,即1362年,他首次整理了自己的诗稿,但他很可能毁弃了早年的大部分作品。① 在高启未满二十岁时,有证据显示他作为年轻诗人的名声已渐渐为人所知,然而,没有任何一首诗作可以被准确地断定为他二十岁前所作。② 不过,他的早年生活仍然可见一斑。在高启所有的活动中,学习一定最需要时间和精力;除此之外,还有一些朋友间的社交生活。他应当还会往返于城东的家庭田庄,监督运营、管理收租、缴纳赋税,同时享受乡村的简单生活。

在这段时间里,曾有一人与年轻的高启为友。王行与高启比邻而居,年长高启五岁,也是一个不同寻常

---

① 译者注:高启的诗文词集在生前皆未经刊刻,当时或有稿钞本行世。最早成帙的是《娄江吟稿》,编于至正二十二年(1362),为是年秋高启徙居娄江后所编;最早付梓的则是《姑苏杂咏》,由高启手自编定,刊刻时间晚至洪武三十一年(1398)。

② 译者注:吕勉《槎轩集本传》中记录了一首高启十六岁时的作品。

的人物。他的父亲是贫穷的药贩,在一位徐老先生所开的药铺里做佣工。王行年少时,徐老先生与其妻注意到了他过人的才智和超常的记忆力。闲暇时,王行曾给徐老夫人讲一些历史故事,老夫人因此催促徐老先生为这个聪明的孩童提供正式的教育,学习儒家经典。徐老先生开始教授王行《论语》,便惊讶于王行每晚都能完全记住白天所学的内容。[①] 由此,一个经典的故事便开始了:贫穷但聪慧的孩童接受了儒学教育,最终获得了地位、名望与财富。王行有着惊人的记忆力,他能够轻松获得许多知识,因此成为著名的神童,吸引了大量富人和名士的关注。但王行拒绝了地方官员和大元朝廷的招揽,后来又拒绝了在苏州建立政权的张士诚的邀请。他更喜欢以教书谋生,在二十岁之前,王行一直以此为业。

　　当时的高启年仅十余岁,应是在那段时间与王行建立了友谊。两位年轻的学子以相互较量才智和学识为乐。例如,高启曾给王行写了一首长而有趣的诗,向王行求猫以解决家中的鼠患。这首诗中充满了典故,几乎无法被翻译。通过逞才来表现幽默是这首诗的写作特征,也是年轻的学子们对自身的博学怀有信心时

---

① 王行的生平传记中充斥着许多陈词滥调,此处便是其中之一。

可能会沉迷的写诗方式。但对于诗歌来讲，这既不成熟也无甚意义。每一句都用到了晦涩的典故，影射史书中的某些轶事，或者暗指唐代诗人的诗句。不过很快，高启就摆脱了这种仅仅是卖弄学识的幼稚快乐。（这首诗并没有系年，但这一定是他早期的作品。）①

当时高启必定还有其他朋友，但直到高启的后半生，王行一直都是他非常重要的友人，而且王行自己也以诗文著称于世。在高启的全集中，有十余首诗作和几篇文章或是提及王行，或是写给王行，不过这些作品几乎都是高启在后半生创作的。

高启的有些诗作里提到，他不时会前往苏州城东吴淞江附近的乡村田庄，这里无疑是他的经济来源。现存所有提及乡村之行的诗篇，或许都是高启青年时期之后才创作的，不过从中也可以寻绎出他的村野之乐，感受到他对此间田产的责任感。在高启死后不久，一篇短小的传记中曾提到，高启的家族在其父辈年幼时就已非常富有，拥有稻田"百余亩"；此地名为大树村，吴淞江在此穿过沙湖。② 传记中继续写道，他的父

49

---

① 《青丘诗集》卷六，第3b—4b页。诗题为《寄王七孝廉乞猫》。
② 《(同治)苏州府志》卷八，第17b—18a页；"沙湖在府东二十里，一名金沙湖……青丘、戴墟二浦在焉"。其他文献记载的距离是在东边四十里。

亲偶尔在此处居住,以便巡视田产。① 在高启和兄长继承此处田产之前,这块土地很可能已经因侵吞分割而缩小了。在高启的少年时代,高氏家族的经济状况显露出衰落的迹象。

一般情况下,高启应是坐船前往田庄。从苏州城东门出发,沿河而行,或许还需要经过蜿蜒的运河与湖泊才能抵达。在一篇杰出的诗作里,高启描绘了某天清晨从城东门出发前往东舍的所见所闻,东舍即他的田庄。这首笔法成熟的诗作有可能是高启后期所写,②展现出他早期诗歌中所缺乏的对于微妙情绪的掌控。这首诗题为《晓出城东门闻橹声》:

> 城门朝开路临水,人语烟中近鱼市。
>
> 谁摇飞橹入苍茫,带梦惊凫柳边起。
>
> 过处寒波动拍沙,远闻呕轧复哑。
>
> 征夫车转山头阪,工女机鸣竹外家。
>
> 我身本是江湖客,偶堕黄尘晓行役。

50

---

① 译者注:原书英译未标注中文出处,今核对《四部丛刊》本《青丘诗集》所录《槎轩集本传》,英文表述与中文原文略有出入。中文原文为:"有田百余亩,在沙湖东,迤南切吴淞江,遂侨江浒之大树村,以便课耕。"

② 译者注:所谓"后期"指的是高启在南京卸任之后、回归苏州闲居的时期,详见本书第七章。

　　此声空忆旧曾听，舟中酒醒东方白。①

这首诗弥漫着神秘的感觉：他听到橹声穿过浓厚的晨雾，似曾相识。他怔怔地想知道自己身为何人，身处何方。

　　另一首诗则更为平淡，却也颇有韵味。诗中描绘了高启从城中出发，于夜晚到达东舍。这首诗题为《寒夜泛湖至东舍》：

　　　　渔村港头初月上，鹅鸭不收菰荻响。

　　　　隔湖烟寺远钟来，居人尽归吾独往。

　　　　寒风萧萧寒浪生，舟中欠载酒壶行。

　　　　东家未宿如相待，黄叶青灯机杼鸣。②

　　在另外几首提及大树村的诗作中，高启说回到此处有"如鱼反故渊"之感；他还提到自己对在此耕种的佃户怀有温情，乡村生活为他带来了愉悦。③ 当时，苏

---

① 《青丘诗集》卷十，第 1b 页。
② 《青丘诗集》卷十，第 12a 页。
③ 在第八章结尾处译有组诗五首，题为《出郊抵东屯五首》。尽管这些作品创作于高启的后半生，它们依然能够揭示出乡村家园对于高启的重要意义。

州附近的土地上有许多手握大量田产的地主,但高氏家族并非其中之一。高启祖父辈和父辈的生活或许更为富足,在高启的年轻时代,前人留下的土地为他提供了不算奢侈但尚且宽裕的生活。此外,他们对于这片土地怀有亲近而温暖的感情,并非不近人情的商业态度。这里不仅仅是其收入来源,也不仅仅是其家族产业,它意味着祖先的荫庇,意味着乡土的乐趣,意味着美好的质朴生活。对于这些重要的意义,高启感同身受。这并非出于诗人之矫饰,或许正是在一次次的归乡之旅中,他方有此感获——从某种意义上讲,此地才是高启真正的家园。

关于高启的青年时代很难再多说些什么了。高启在人生伊始所经历的这些事情,对于当时的中国而言,有些为其所独有,有些则不过寻常。作为中国悠久历史上最伟大的诗人之一,高启的人生便以这样的方式开始了。

# 第三章
# 青丘子

　　随着高启的逐渐成长，他作为年轻诗人的名声已经广为人知。高启死后，同乡友人张适曾在为其所撰的《哀辞》序中写道："父祖皆弗耀，而丰于财。迨君家落，而雄于才。未冠，以颖敏闻。……尤嗜诗……一时老生宿儒，咸器重之，以为弗及。"①如果一个家族中产生了天才，那就如同拥有了大量的资本，其家族的财富也就有了保障。②

---

① 译者注：见《青丘诗集》附录"哀诔"，第 1a 页。

② 尽管在大多数情况下，简略哀辞中的很多表述明显都是陈词滥调，但多少也能暗示某些内容，并非全是将人物进行简单模式化或理想化处理。中国的传记写作，尤其是传记中的模式化表述，是 1960 年九月在纽约萨芬举办的"第五届中国思想研讨会"的主题。这次会议由芮沃寿教授组织。我们在会议上讨论了高启的早期生涯，相关文章发表在芮沃寿教授与蒲立本（Edwin G. Pulleyblank）主编的《儒家人格》一书中（Confucian Personalities，Stanford，1962）。

像高启这样才华举世公认的年轻人,他理应花费数年时间准备入仕,因为其才华足以让他早早地名利双收。一般来讲,高启应该在十几岁时完成科举三级考试的第一级乡试,因为此前也并非没有在二十岁便通过最终第三级殿试的先例。之后,他或许会被任命为翰林院编修,翰林院是朝廷负责文化事业最尊贵的机构;也或许会被授予京城郎署的低级文职。他可以在这些职位上展示自己的才华,建立人际关系,借此身领要职,并逐步升迁。在正常情况下,高启应该能够预想到以上这些发展前景,朋友们也会认为这是他应走的道路。然而,元代的科举并不能以"正常"二字形容,才华无法成为步入仕途的保证。在高启十几岁时,这个异族朝廷已经面临着足以动摇根基的严重问题。任何一个有才华、有志向的人难免有所迟疑,未必会将自己的前途寄托于这样的朝廷。尽管高启受到的教育是为了致身科举,但他却没有参加任何考试。

在高启十五岁那年,黄河决堤导致中原洪水泛滥,此后便是河堤维修工程引发了中国北方大规模的农民叛乱。这年夏天,刘福通宣称韩林儿是宋代皇室的后裔,自称红巾叛乱是为了恢复大宋统治,并尊奉韩林儿为大宋皇帝。其他红巾叛军攻陷了山东及周边的大部分地区。同年秋,湖北的布贩子徐寿辉在长江中游地区建立了天完政权,代表着西边的红巾势力。三年之前,方国珍已经发动了叛乱,其海寇部众劫掠了紧邻苏州南部的浙江沿海地区。当高启十六岁时,这些叛乱的范围均已扩大,并且迫近了东南三角洲地区;这一年,郭子兴在濠州起义,徐寿辉的远征部队攻陷并劫掠了杭州。次年,张士诚在苏州以北的长江北岸发动叛乱并宣告独立,自命为"大周"朝的"诚王"。东南三角洲地区的周边各个方向均受到威胁,一时间气氛剑拔弩张。人们纷纷谈论战事,策划本地防御,借此对抗叛军与盗贼的劫掠。但是东南地区的元朝地方官员并没有为本地防务做出任何积极的准备;相反,他们似乎更急于推卸责任,争取保住自己的小命。

对于那些在和平年代才能施展才干的人来说,动荡的时代确实会让他们感到气馁。年长之人心灰意懒,倾向于隐退以熬过乱世。而对于像高启这样充满活力又心怀理想的年轻人,乱世反而会促使他们有所作为。作为一个接受儒家传统教育的士人,高启是否也将自己视为乱世英雄?儒家传统不正是要求士人躬行践履、刚毅勇敢、捍卫原则的吗?如果天命终将归属于某位新王朝的建立者,其人能够一统天下、恢复和平、推行仁政——那么对于一个年轻人来讲,他既然没有入仕旧朝廷,便没有义务效忠于那个摇摇欲坠的旧秩序,他将会有权选择事奉一个公正的新政权,这样岂不是更好?理论上,儒家对于"忠"的要求在这种情况下是有些模糊不清的;尤其是,无能的蒙古朝廷也没有做出任何政绩以赢得臣民的拥戴,而且当时有很多人强烈地质疑元朝作为中国统治者的正统性。因此,像高启这样的年轻一代很有可能并不确定,也尚未决定他们自己应该做些什么,他们甚至也不知道应该如何应对那难以预料的未来。

55

不过,高启之后的一部分人生是可以预见的。即便身处如此乱世,生活也还是要继续。当高启成年时,婚姻问题为他带来了一些难处。早前,他曾与一位富人之女订有婚约,富人名叫周仲达,居于青丘,即苏州东北娄江畔的一个小村庄。① 与高启的祖父和父亲一样,周仲达的生计应该也是依靠其在乡下的田产;他同样享受着舒适的生活,浸淫于诗歌和艺术。

高启去世后不久,门人吕勉撰写了《槎轩集本传》,其中记载了关于高启婚事的趣闻。当高启十七岁时,他已经很成熟了,尽管他还没到"冠礼"的年龄——传

---

①　周家在青丘的宅邸显然与高启家在沙湖的田产邻近,青丘即在沙湖岸上。译者注:青丘位于苏州城东的吴淞江江畔,而非娄江江畔。

统意义上，官方的成年礼应在十九岁时举行。① 由于家道中落，高启无法为此次婚媾准备"六礼"，也就是延请媒人提亲议婚、交换聘礼、互问姓名、择定吉日、款待女家之类的事情。② 这些事宜都需要不少的花销，而且必须讲究排场，以顾全双方家族的颜面。此时，周老先生染疾在身，高启的一位友人恰好与周家相熟，他同高启开玩笑说，如果高启未来的岳父身体抱恙，他（这位不具名的友人）理应前去探望。高启很可能对此有些敏感，毕竟他还没有能力做好议亲的准备，如此一来不免有失颜面。不过，高启也承认这未尝不是一个好主意，甚至表示自己愿与这位友人一同前往。于是，他们一起来到了周家的宅邸。

周老先生身体尚可，他在病榻上会见了高启的友人；但此前高启很可能并没有见过周老先生，因而等候于屋外的客厅。周老先生说："吾疾近稍愈，未可率尔与新客见。闻其善吟，客位间有《芦雁图》，脱一题足矣。"高启听闻后，理解了这个暗示，立刻写下一首绝句：

---

① 译者注：《槎轩集本传》原文为"年可十八，顾而未冠"。古代男子在二十岁（虚岁）时行冠礼，《礼记·曲礼》："二十曰弱，冠。"
② 译者注："六礼"的具体称谓是纳采、问名、纳吉、纳征、请期、亲迎。

西风吹折荻花枝,好鸟飞来羽翼垂。

沙阔水寒鱼不见,满身霜露立多时。

当周老先生看到这首诗,他笑了;诗中生动地描绘了河边大雁飞来的秋景,同时也明确地暗示了高启在面对这桩婚事时的境况。从基本符号学的角度来看,"雁"指代媒妁,"羽翼垂"指代婚约,"寒"意味着高启衰落的家境,"鱼"指代未曾谋面的新娘,"立多时"则意味着由于家境所窘、婚事拖延给高启带来的焦躁感。周老先生对这位友人说:"若欲偶之意亟矣。语所交,请其回,当择日妻之也。"①

尽管以如此随性的方式开始,这桩婚事还是非常成功的。高启与他的岳父以及妻子的六七位兄弟都建立了深厚的友谊;②他们有许多共同的爱好,他们也很尊敬高启。高启的才华与其逐渐提升的名望代替了家族的财富,为他赢得了广泛的尊重。很多时候,高启都在青丘游赏,屡屡在岳父家中长住。可以想见,这一大家族的家庭生活对高启而言是很重要的,这足以补偿

---

① 以上故事转引自吕勉为高启所写的传记,见《青丘诗集注》序,第1册,"本传",第2a—b页。

② 译者注:杨联陞曾在书评中指出,此处提及的"六七位兄弟"与第五章中提及的"五位兄弟"相矛盾,实应为五人。见王存诚译,杨联陞著:《汉学书评》,北京:商务印书馆,2016年,第402页。

他在自己家族中所缺失的生活。高启的父母早已下世，兄长高咨作为唯一的直系亲属，在这几年里也似乎一直不在家中，而是在淮右担负戍守之职。

高启的妻子也会写诗，这证明与同等社会阶层的女性相比，她得到了更好的教育。不过这也并不罕见，热衷文事的家族往往会让女子接受良好的教育。《答内寄》一诗是高启从南京写给妻子的，这是一首答诗，而妻子周氏的原作已经遗失。另一首《召修元史将赴京师别内》则是高启晚期时为她所作。① 两首诗均展现出高启对周氏的温柔与关爱，而且诗中均有用典，这也就意味着她一定拥有相应的历史知识与文学素养，能够知晓典故的意涵。这两首诗似乎可以证明，他们二人相互理解彼此。不过，高启现存的诗中也只有这两三首直接语及其妻。周氏育有四个子女，比高启年寿更久。关于她的更多生平信息已无从得知，只有这些微不足道的证据让我们胡乱揣测，她到底是个怎样的人——真希望我们能够知道更多信息。②

高启成婚于 1353 年。在此后的两年间，他一部分

① 译者注：见《青丘诗集》，卷七，第 5a—b、2b 页。
② 在高启的诗集中，有极少量的作品暗示他曾有过其他的浪漫关系，或是与歌妓，或是与其他女子的短暂邂逅。这些浪漫的事迹对于当时社会的男性而言是很常见的。从高启的诗作中可以判断，这些事仅仅占据了他生活的一小部分。

时间生活在苏州城北的家中,另一部分时间则生活在青丘,或是距离青丘不远的家族乡下田宅。这几年气氛比较紧张,逐渐扩大的叛乱包围了东南三角洲。在1356年,叛乱非常突然且剧烈地影响到了这一地带。这年三月,张士诚的军队渡过长江并且占领了苏州;自去年冬天,从西边渡江而来的朱元璋,则在这年四月攻击并占领了南京。两座城市沦为叛军的据点,他们蔑视大元朝廷,在长江以南扩张领土,时也相互对抗。在占领苏州后不久,张士诚迅速占领了周边府县,即现在江苏境内的松江、常州,太湖南岸的湖州、嘉兴和部分其他浙江府县。张士诚和朱元璋的战线自北向南截断太湖。这些年间,这条战线上争夺得最激烈的地点就是常州城,它位于苏州和南京的正中间。作为叛军的都城,苏州依靠军事武装勉力维持着;西边的危险敌人威胁着它,而另一支强大官军也威胁着它。这支官军以杭州附近的嘉兴为据点。这支官军并非蒙古正规军,也不是征募来的汉人军队,因为大元朝廷在此地已经没有任何强大的常规部队了。这是一支苗军,专门从中部地区(也就是现在的湖南)征调来东南三角洲的。这支苗军非常凶残、不守纪律,他们以劫掠为主,根本无意与元朝地方官员合作,更不会听从官员的命令。苗军成为本地人的灾祸,对于名义上雇佣了这支

*60*

部队的朝廷而言，苗军既是威胁也是帮手。苗军并没有真正帮助过大元朝廷，也没有起到任何宽慰的作用，但是对于张士诚和朱元璋这种叛军而言，苗军确实是潜在的威胁；对于此地普通民众的生计而言，苗军极具威胁。幸运的是，他们没有劫掠苏州。

然而，苏州城在当时也有着别的麻烦。张士诚以武力侵入了长江以南的富庶地区，下面记载的这一事件很能反映当时的状况。1354 年至 1355 年间，一小股土匪势力的头领从长江南岸的江阴县逃到了江北张士诚的据点，他向张士诚求助，希望能帮他剿灭一个对手。① 正是此人为张士诚灌输了入侵东南三角洲的想法。当时，张士诚已经自称"诚王"，并且在淮河东部地区建立了伪周政权，这片区域是他的老窝。起初，他并没有接受向江南陌生地区扩张的想法，但是在 1354 年后，一系列严重的挫折一度迫使他撤离出重要的堡垒高邮。当时的张士诚非常绝望。他在淮河地区叛乱的前景黯淡无光，这迫使他不得不四下寻找其他的出路。

1355 年底，淮河地区遭遇饥荒，张士诚决定派胞弟张士德率领数千残兵尝试渡江，寻觅新的机遇。正是

---

① 译者注：小股土匪势力的首领即朱英，其对手是指同为江阴土匪的江宗三。

江南地广粮足、人多财富的美好图景为张士诚打开了视野。张士德应该是张氏家族中最具军事领导才能的一员。1356 年初，张士德强行渡江，几乎没有遇到任何抵抗便占领了长江沿岸的常熟。常熟就在苏州以北不远。江浙行省的治所位于杭州，当时主政的官员是一位无能的蒙古将领，手下并没有可用的正规军。他向各路、各州的达鲁花赤下令，让他们尽可能地召集任何官军或民团前去防御"匪情"。然而原任平江路的达鲁花赤是一位老人，刚好在那时去世，新任的达鲁花赤则要从邻近的松江府调来。他紧急组织起一支小部队上阵迎敌，留下了汉人副官防守城池，另有一名蒙古小官负责一切军事行动。① 这支开赴前线的队伍主体由一大批毫无战斗意志、未经军事训练、紧急征召而来的农民组成，他们的临阵溃逃导致了部队的瓦解。而附近各地的官军则作壁上观，当张士德逼近苏州时，他们略加抵抗之后便战败投降。最终，张士德带领三四千人的部众直抵苏州城下，在城墙外扎营并围困了一夜。负责城防的汉人官员是一位年老的文士，他并没有尝

① 译者注：无能的蒙古将领是时任浙江行省参知政事的脱因；刚刚去世的原平江路达鲁花赤为六十；从松江府新调任的达鲁花赤为哈散沙；防守城池的汉人官员为时任平江路总管的贡师泰，下文中年老的文士同样指他，是时贡师泰已年近六十岁。

试坚守城池。

次日清晨，城门大开，张士德入城，刀不出鞘，箭不上弦。此后的几天则是疯狂的劫掠与破坏；数百年来，苏州城第一次感受到战争的恐怖。[1] 蒙古将领躲在一个汉人家中，被发现后自刎未果，又被张士德手下的匪徒抓住并杀死了他。新任的达鲁花赤还在战场上，身边有少量士兵，当他听闻城池陷落之后便投水自尽。而那位汉人官员则躲在自己的书斋里写诗。[2] 周边的城市自愿投降，以求避免类似的屠戮和摧残。数天之后，秩序恢复了，张士德组建起民间政府，取代了之前的官方统治。他占据了最大的一间寺院，将宽阔的建筑群改造为宫殿，用以迎接他的兄长"诚王"。其余的副将则在疯狂地争抢城中的甲第宅邸、寺观庵院、官署府衙、富室私宅，将其改造为各自的正式居所。大约一个月后，张士诚来到苏州，搬入新的王宫，仿朝堂制度设立百官和附属机构，并改苏州所在的平江路为隆平府，作为"大周"的都城。不过，大多数居民并不认可这一新的称谓，还是称之为苏州。

---

① 例如，金兵曾在 1130 年劫掠过苏州城。当时金兵南下渡江，进逼宋朝。

② 译者注：据《元史·贡师泰传》："明年春，守将弗能支，斩关遁去。师泰领义兵出战，力不敌，亦怀印绶弃城遁，匿海滨者久之。"

正当张士诚享受在苏州称王的奢侈生活时,他的三个弟弟被派往新的战场,攻略更远的南方,继续为伪周朝廷效力。1357年,他们之中最有能力的张士德尝试进攻杭州,当时另一位副将则与凶残的苗军在嘉兴附近鏖战。① 张士诚部在渡江后遭遇的首次最惨痛的失利就是拜苗军所赐,但在此役期间,也就是1357年的整个夏天,苗军完全被拖住,使张士德有机会攻入防守松懈的杭州。与苏州的情况一样,杭州也遭到抢掠,城市被洗劫一空,居民和财产均遭受严重损失;而当时本应固守城池的官军却从城中撤退,胆怯地躲藏在附近的深山里。此后,刚刚在嘉兴彻底击垮张士诚部的苗军又前来"还救"杭州,这座不幸的城市再度经历了巷战与劫掠。随着苗军的进攻,张士德的军队边打边撤。在下半年,张士诚向南方的扩张也因此遇到了两次挫折,东南三角洲基本陷入了血泊和苦痛之中。

在占领苏州后的一年里,张士诚同样面临其他的威胁。方国珍所率的海寇袭扰已经深入到长江入海口附近的几座城市。朱元璋部则向东开拓,水陆并进;

① 译者注:张士德发兵杭州应是在至正十六年(1356)夏。文中的另一位副将为史文炳,与其在嘉兴附近鏖战的是苗军首领杨完者。

1358年初,双方大战于常州。① 朱元璋占领了这一前哨据点,甚至俘获了张士诚的胞弟张士德,当时他负责守卫常州。张士德被押往南京,并被迫致信兄长张士诚,劝其投降朱元璋。在兄弟众人中,张士德最为善战有谋,母亲逼迫张士诚接受任何条件以换回张士德。张士诚接到来信,左思右想,召集群臣商议,但并未采取行动。面对投降并辅佐朱元璋的威逼利诱,张士德顽固地予以拒绝,并最终被处死。②

64　　　无论是现实的战事,还是对于士气的影响,这件事给张士诚的叛乱活动造成了巨大的打击。近期,苗军展开积极的攻势,急于从杭州北上。张士诚部曾在早前轻松地取得了一系列胜利,而现在则体验到严重的挫败感,这也给他带来了不小的心理落差。面对这些军事压力,张士诚另有谋划。汉人的上流士人阶层对张士诚颇为抗拒,在他们眼中张士诚不过一介"土匪",士人的道统观念使他们将叛军和土匪混为一谈,并且鄙夷二者的所作所为。另外,苗军给张士诚带来了恐怖的军事压力。他们在名义上效忠元朝,但实际上他

———————————

① 译者注:徐达攻克常州是在至正十七年(1357)三月。
② 据《明史》记载,张士德是在狱中绝食而亡,死前曾暗中致书张士诚,劝其投降元朝,继续对抗朱元璋。这或许才是正确的版本。《明史》,卷一百二十三,第7b—8a页。

们对于普通市民而言,同样是一群无法无天的劫匪。朱元璋强大的军力威胁也在逐渐显现,顺利地压迫着张士诚的西线。此时,张士诚还要提防方国珍海寇部众的袭扰。鉴于以上种种理由,投降大元朝廷在张士诚看来是最明智的选择,而这也能使其存在合法化。元朝被各地的叛乱搞得手足无措。大运河上漕运被截断,让朝廷更感绝望。因此尽管一切投降条件都是由张士诚拟定的,朝廷依然非常乐意接受他的投降。元朝承认张士诚在东南三角洲内大部分地区的控制权,授他以太尉的头衔继续统治——太尉可以算是特殊的地方军事长官。张士诚可以保留大周原有的官员,将其转任为自己的属官,以太尉这一新职衔的名义保有自己的军队,并任意支配地方财政。张士诚唯一需要履行的责任是承认蒙古朝廷的正统地位,使用大元的年号,为朝廷讨伐其他叛军。最重要的是,张士诚需要为大都提供漕运的粮食。此事发生在 1358 年的初秋。①

同年秋,方国珍也向元朝投降,得授江浙行省平章之职,这使他也得以保留自己的实权。然而,方国珍的职责是为张士诚供往大都的粮食提供船只,并通过海

---

① 据十五世纪晚期吴宽所撰《平吴录》记载,此事发生于 1357 年,另外也有一些明史文献支持此说。陶宗仪《南村辍耕录》记载时事,明言此事发生于 1358 年农历八月,另有其他证据作为支撑。

路进行运输。每年的运粮总额很小，仅有十万石左右，这与叛乱之前每年运送大约三四百万石粮食形成了鲜明的对比。张士诚轻松地接下了这项任务，相比于其自身所获得的利益，如此小小的付出不值一提。当时的方国珍与张士诚一直相互嫉妒、相互猜忌，但二人并没有公开交战。此外，由于张士诚现在投靠了朝廷，他便不用再承受那支凶残苗军所带来的压力了。苗军与其统帅杨完者转而成为令人憎恨的公敌，杭州的地方官立即与张士诚联手，一起设下圈套铲除他。① 地方官给张士诚去信，命其派军暗中伏击杨完者，杨完者毫无防备地遭到奇袭，无法抵御，苗军溃败。1358 年底，杨完者上吊自杀。此举确实让该地区摆脱了嗜杀成性、无法无天的苗军所带来的恐怖，而这也使张士诚兵不血刃地占领了除方国珍治下三个沿海州府以外的整个浙江北部。如今，张士诚身边只剩下一方劲敌：割据南京的朱元璋部，现在他可以集中自己的军事力量来对付这个敌人。

张士诚的降元的举动立即使其占据了优势。最重要的是，这或许提升了他在新臣民眼中的形象。显然，身为土匪的张士诚使用手段谋得了正统性，尽管这并

① 译者注：此处的杭州地方官指时任江浙行省左丞相的达识帖睦迩。

不值得大肆嘉奖,但至少表明为他效忠不再是叛国之罪了。表面上看,张士诚至少是处于正义的一方。他曾有机会归顺朱元璋所在的红巾军,但是他拒绝了对方的招降。在士人阶层看来,这一点是非常重要的,因为他们眼中的红巾军是能够想到的、最应受到谴责的败类。这些人是迷信的乌合之众,毫无价值的社会渣滓,文化传统的敌人,是令人又惧又恨的匪贼。相比之下,张士诚至少还伪装出尊重传统价值观的模样,尽管他冷血暴虐、无知无识,但仍希望成为名副其实的士绅、赏识英才的金主和文学活动的赞助人。张士诚设立了专门的政府机构鼓励文学事业,并且任命了一批才学之士为幕僚。尽管是一个盐贩子出身的叛乱者,但张士诚似乎很容易接受上层社会文化的影响。与当地有影响力的人合作,创造某种制度以维系地区稳定、保护他们的共同利益,张士诚能否成为合适的人选?与朝廷站在一边,坚决地反抗南京的红巾叛军(此时南京的浩大声势仍仰赖于红巾运动,而非朱元璋组建地方政权所获得的个人声誉),这让张士诚的实力极度增强。以上就是这一时期的历史背景,我们将在此基础上,关注这些年里青年高启的一系列活动。

　　高启二十岁那年,张士诚渡过长江,搬入新的宫殿。这座宫殿由苏州最宽敞雄伟的寺院改建而来。苏州城经历了短暂的混乱，入侵者的暴虐行径使城市遭受苦厄；但当张士诚到达之后，他建立的行政机构保障了社会的安定，因此很多人对张士诚的朝廷多少抱有些好感。由于高启享有着新晋诗人的美誉，他很快便得到了与这个伪朝廷合作的机会。张士诚倾尽全力，说服了许多高雅博学之士接受伪朝廷授予的高位。在这些接受了任命的文士中，有一人名叫饶介，为人倜傥豪放，曾在元朝任职多年，自诩为诗人且善于识材。当张士诚的军队占领苏州时，饶介就住在城中。起初，他拒绝与这个伪朝廷有任何瓜葛，但张士诚亲自登门拜访，对他极尽奉承，许诺以清贵的高位——这足以让饶介在此后的日子里奢侈地生活，毫无顾忌地款待其亲朋好友，与他们一起宴饮纵乐、唱酬赋诗。在饶介任职伪朝廷之前，高启很有可能已经与他相识；而且几乎可以肯定，饶介早已闻知高启其人。有故事传闻，在高启十五岁时，饶介曾经测试过高启的诗才，[①]但这个故事有可能发生在 1356 年或 1357 年，也就是张士诚在苏州建立政权的初年，当时高启二十岁。故事里讲到，饶介与高启相会，命题限韵，请高启即兴赋诗一首。这位年轻诗人的作品非常优秀，展现了成熟的学识，其诗歌

---

① 　译者注：此事见吕勉《槎轩集本传》。

的风格让饶介及其他在场的老学士们赞叹不已。他们盛赞高启是少见的文学天才,希望把高启引荐进入这个伪朝廷以装点门面。

此时此刻,高启本人对于伪朝廷的态度很难揣测。高启的文集中有一篇《梅节妇传》,这是一篇短小的文字,记录了住在其家附近的一位年轻妇女的死节事件。在苏州刚刚陷落时,她被张士德的士兵俘获,因为坚守贞洁而最终被士兵杀死。在这篇传记中,高启交代了导致她死节的这场祸乱的背景情况,"至正十六年春,淮兵南下,守臣弗夙戒,城遂没"。除此之外,文章里对于入侵者的批评都是很含蓄的。在高启的其他作品中,也没有任何直接的证据能够揭示他在入侵者占领苏州的第一年里究竟是何种感受。高启死后不久,撰于明初的高启本传里写道,尽管当时有很多人积极地逢迎新的征服者,接受伪朝廷授予的官爵,但高启一直超然物外。[①] 这或许是准确的。可以肯定的是,高启并不是唯一一个超然物外的人;士绅中的绝大多数都不愿意与张士诚有正式的交往,尽管其中很多人或许对张士诚多少有些好感——相比于蒙古人、苗军和各路

① 译者注: 英文表述对中文原文作出了些许修饰,吕勉《槎轩集本传》中作: "元季俶扰,张士诚据浙右,时彦皆从之,先生独弗与处。"

叛军，例如方国珍和其他红巾军将领，张士诚相对要好一些。但在当时，高启似乎也不太愿意与张士诚的伪朝廷有什么瓜葛。不过，考虑到张士诚和其他高官的首要活动便是襄赞文学，高启与之完全没有联系倒也不大可能。只有像高启这样杰出的人才参与他们的诗社，加入他们的宴会成为"座上宾"，他们才会满足；实际上，这也就意味着高启成了他们官署中的幕客。

张士诚政权的官场欣欣向荣；或许正是为了逃避这个官场对他所施加的压力，高启于1358年移居青丘，住在他岳父的宅邸。这一年高启二十二岁，自号为"青丘子"。这一别号就此成为他的常用称谓。他的名"启"与字"季迪"，依然在习惯与成规所需时使用，不过对于大多数人而言，"高青丘"的名字更为人所熟知。也是在这一年，他写下了《青丘子歌》，在诗中将自己描绘成了一位基于强大的内心冲动而创作诗歌的人。这首作品非常有名，不仅使高启声名远扬，也使他的新名号深入人心。然而，这并不是一首伟大的作品，因为它依旧展现出了一种年轻人放纵的自我彰显。与其他类似的作品一样，诗中的意旨大多通过典故影射时事加以传达，有些典故现在已经无法理解。因此，如今对这首诗的解读只能依照其字面意义，而其他层面的意义则仅面向与高启同时代的读者。不过，高启的这首诗依然有其价值,它是这位年轻诗人精神世界的写照,是他对自己诗人身份的认同,也是他拥有生动丰富想象力的佐证。高启在诗前撰有小序,为这首关于自己的幻想诗设定了基调,诗中他将第一人称转换为第三人称:

## 青丘子歌

　　江上有青丘,予徙家其南,因自号青丘子。闲居无事,终日苦吟,闲作《青丘子歌》言其意,以解诗淫之嘲。

　　青丘子,癯而清,本是五云阁下之仙卿。

　　何年降谪在世间,向人不道姓与名。

　　蹑屩厌远游,荷锄懒躬耕。

　　有剑任锈涩,有书任纵横。

　　不肯折腰为五斗米,不肯掉舌下七十城。

　　但好觅诗句,自吟自酬赓。

　　田间曳杖复带索,旁人不识笑且轻。谓是鲁迂儒、楚狂生。

　　青丘子,闻之不介意,吟声出吻不绝咿咿鸣。

　　朝吟忘其饥,暮吟散不平。

　　当其苦吟时,兀兀如被酲。

　　头发不暇栉,家事不及营。

　　儿啼不知怜,客至不果迎。

70

71

不忧回也空，不慕猗氏盈。①

不惭被宽褐，不羡垂华缨。

不问龙虎苦战斗，不管乌兔忙奔倾。

向水际独坐，林中独行。研元气，搜元精。

造化万物难隐情，冥茫八极游心兵，坐令无象
作有声。

微如破悬虱，壮若屠长鲸。

清同吸沆瀣，险比排峥嵘。

霭霭晴云披，轧轧冻草萌。

高攀天根探月窟，犀照牛渚万怪呈。

妙意俄同鬼神会，佳景每与江山争。

星虹助光气，烟雾滋华英。

听音谐韶乐，咀味得大羹。

世间无物为我娱，自出金石相轰铿。

江边茅屋风雨晴，闭门睡足诗初成。

叩壶自高歌，不顾俗耳惊。

欲呼君山老父携诸仙所弄之长笛，和我此歌
吹月明。

但愁欻忽波浪起，鸟兽骇叫山摇崩。

天帝闻之怒，下遣白鹤迎。

---

① 这一典故是指一位古人因勤俭而致富。

不容在世作狡狯，复结飞佩还瑶京。①

这首长诗采用"歌"体，兼有长、短句，拥有非常强的节奏感，在句尾押"庚"韵。诗中充满了文学典故，在此也没有必要过多阐释，因为对于西方读者来说，即使这些典故被全部厘清，也并没有太大的意义。不过，西方读者还是能够领悟到高启对于世俗生活的态度，也能够感受到高启诗歌想象力的境界，这让高启脱离尘世，进入到广阔无垠、愉悦欢欣的世界。尽管高启自称鄙夷尘世间的事与物，但他依然不想放弃尘世。他"不肯折腰为五斗米"，（或许，他只是不想在如此混乱的世道下折腰？）他"不肯掉舌下七十城"，（他是不愿事奉任何君王，还是仅仅不愿俯首于当时庙堂之上的那些人？）但是通过运用这些典故来进行对比，高启含蓄地表示，他对于自己才干和能力有信心。他"不问龙虎苦战斗"，指的是张士诚、朱元璋和大元朝廷卷入的鏖战，他们在世间争夺霸权。他"不管乌兔忙奔倾"："乌兔"原指日月，比喻时间的流逝，在此诗的语境里，或许喻指那些趋炎附势的小人物。高启要逃离世间运行的法则，提升自己的感悟力，增强自己的力量，保留自己的实力。

① 《青丘诗集》卷十一，第 1a—2a 页。

这些内容都是通过典故来表达的，颇有些道家的风味，其想象力非常丰富。但这也清晰地揭示出高启的意图，即躲避当前的乱世，直到天下的运势改变，直到前途更加明朗一些，直到他能够看清方向并做出选择。同时高启宣称，只有作为诗人的生活才能带来他所期待的回报，这是乱世中自由而独立的生活。旁人或许嘲笑他莫名其妙，但是他毫不在意；他不会因为旁人的嘲笑而放弃理想。因此，这位年轻自负的诗人在二十二岁时向世界展现了自己。

　　另有几首诗也创作于这一年，诗中记述了周家宅邸所在的青丘甫里村的生活。高启敏锐地感受到舒适乡村的魅力。在组诗《甫里即事四首》中，他描绘了自己的日常。第一首诗非常典型：

> 长桥短桥杨柳，前浦后浦荷花。
> 人看旗出酒市，鸥送船归钓家。
> 风波欲起不起，烟日将斜未斜。
> 绝胜苕中剡曲，金齑玉鲙堪夸。①

即便身处如此乱世，人们依然可以享受质朴快乐的乡

---

① 《青丘诗集》卷十四，第6a—b页。

村生活,游赏周边的风景,品尝当地的美食。青丘是附近可供登临的小山丘,在其上可以欣赏周边田野湖泊的景致。高启的友人前来与他把酒共饮,唱酬诗作,谈论时事。友人离别时,他们也会举办宴会。在这一年的秋天,高启的一位朋友要前往元朝的首都参加会试,高启在送别诗里写道:"我今有志未能往,矫首万里空茫然。"①这种想法也可以解读为,如此乱世无法让高启达成自己的志向,因此还不如不去。或许是在同一年,高启写下了《谒甫里祠》,纪念一位唐代先贤因不满仕途而退隐甫里。② 这几年中,高启有几首诗都提及此人,可见他曾仔细地考虑过入仕还是隐居的问题。在诗中,高启对这位能够认清"非其时"的隐逸之士多有赞誉。③

76

高启和妻子在甫里村或许拥有一间属于他们自己的小屋。他们的第一个孩子是女儿,很有可能出生于这一年。高启与岳父和妻子的兄弟们一起生活,他们

---

① 此为《送张贡士祥会试京师》的最后两句,见《青丘诗集》卷十,第 8b—9b 页。

② 译者注:清人金檀所编《高青丘年谱》系此诗于至正十八年 (1358)。据今人考订,此诗最早当写于至正十九年(1359)。见贾继用:《吴中四杰年谱》,齐鲁书社,2014 年,第 53—54 页。

③ 译者注:这位唐代先贤是陆龟蒙。此处作者引用的是高启《咏隐逸·其十五 陆龟蒙》一诗,结句为"宁不念枯槁,行哉岂其时",见《青丘诗集》卷三,第 12b 页。

有很多共同的兴趣。他曾为岳父收集的画作写过一些题画诗，①也有一些关于周家宅邸、花园和雅集的作品。但是在这一年初冬，出于某些不知名的原因，高启离开了舒适的生活，前往南方游历了两三年，②具体是在今天的浙江北部。关于他离开的原因，我们只能稍作推测。或许是因为青丘还不够远离苏州，高启依然受到劝其加入张士诚伪朝廷的尴尬压力。或许是考虑到行旅也是人生教育的一部分，高启想去看一看杭州及周边的著名景观和历史名胜。或许是缘于出仕的打算，高启希望能结识新朋友，开拓机遇；又或许是出于一些并未言明的家务事，因为高氏家族的先辈在搬来苏州之前曾住在山阴县（现在杭州附近的绍兴），或许那里还有高启的族人，让他有理由前往一探。无论如何，高启并没有解释他为何出游，也没有说明这次出游对他的意义。数年之后，他为游历期间所写的组诗十五首撰写了一篇小序，题为《吴越纪游诗序》，这是唯一一篇

① 译者注：高启有绝句《为外舅周隐君题杂画五首》，见《青丘诗集》卷十六，第5b页。

② 译者注：清人金檀所编《高青丘年谱》记高启于至正十八年（1358）冬出游吴越，至正二十年（1360）归，历时两三年。据今人考订，高启第一次出游吴越，返回苏州的归期至迟在至正十九年（1359）正月底；至正二十年（1360）春为其第二次出游吴越。见贾继用：《吴中四杰年谱》，第47—48、56页。

能够介绍他在这两三年间游历状况的文字：

> 至正戊戌、庚子间，余尝游东南诸郡，顾览山
> 川，所赋甚夥，久而散失。暇日理箧中，得数纸，而
> 坏烂破阙，多非完章，因择其可存者，追赋当日之
> 意以足成之，凡一十五首。虽未能北溯大河，西涉
> 嵩、华，以赋其险径绝特之状，然此所以写行役之
> 情，纪游历之迹，与夫怀贤吊古之意，亦往往而在，
> 固不得而弃也，因录以自览焉。①

从内容上看，高启很可能是按照时间顺序来安置 ⁷⁷
这十五首诗的，因此可以从中梳理出他游历的概况。
第一首诗题作《始发南门晚行道中》，讲述了在当年冬
天一个寒冷的清晨，高启从苏州城的南门出发，开启了
旅途。② 诗中这样写道：

> 岁暮寒亦行，征人有常期。
>
> 辞我家乡乐，适彼道路危。
>
> 酒阑别宾亲，驱车出郊岐。

---

① 引自《高青丘年谱》，至正十八年(1358)。
② 此处及以下的引文均出自这十五首纪游诗，见《青丘诗集》卷三，
第 13a—18b 页。

我马力未痡，已越山与陂。

回头望高城，落日云树滋。

遭乱既少安，谋生复多饥。

途逢往来人，孰不为此驱。

远游亦吾志，去矣何劳悲。

　　第二首诗题作《渡浙江宿西兴民家》。数日之后，高启渡过浙水，在当地找到了住处。本地车夫告诫他不要往远处去，因为夜里有老虎出没。由于夜晚太冷，高启并没有睡好。他提醒自己，一条大河已将自己和家园分割开了。第三首诗题作《早过萧山历白鹤柯亭诸邮》。高启途经萧山县，天气依旧清冷，他欣赏着山峦起伏的乡野佳景，叹惜于战事不止的混乱年代。第四首诗题作《次钱清江谒刘宠庙》。高启渡过钱清江，接近绍兴，这里像是他的第一个目的地，因为已经路过了杭州。毫无疑问，这也是因为当时的杭州正在被围攻。高启在诗中写道，他急于向东前往绍兴，因此不能驻足拜访汉朝刘宠的祠庙。① 第五首诗题作《登蓬莱阁望云门秦望诸山》。此时高启已经抵达绍兴（山阴），但

79

---

① 　译者注：诗中言"停舟拜孤像，开幔苍鼠走"，"我方东征急，不得奠杯酒"，可知高启已经停舟上岸祭拜，只因时间紧迫，未能正式备下杯酒相奠。

遗憾的是,他没有提及在此居住的族人,也没有说明来访的理由。

第六首诗题作《闻长枪兵至出越城夜投窆山》。此前淮河地区归降了朱元璋的匪贼"长枪军"是非常恐怖的,他们凶残地酷虐所驻城市的平民百姓。[1] 此次针对绍兴的攻击,应该就是《明实录》中记载的发生于1359年农历四月的那场战事。[2] 高启发觉自己正处于张士诚与朱元璋的酣战之中,不过似乎仍在前者的势力范围内;而在上一年八月,张士诚已被封为元朝的太尉。这首诗提及了驻扎在绍兴的蒙古王爷的部队,以及这位王爷与当地另一位蒙古高官之间的仇怨。诗中写道"我来乱始定,城郭气尚愁",这无疑是指蒙古王爷被杀一事。王爷深受当地民众的爱戴,在他死后,手下

---

[1]　译者注：此处的"长枪军"是指至正十七年(1357)归降的淮西青军首领张明鉴部。

[2]　译者注：作者所说的此场战事见于《太祖实录》卷七,"己亥岁夏四月戊寅"条："金院胡大海率元帅王玉等攻绍兴,军至蒋家渡,遇张士诚兵,击败之,获战舰五十余艘。"前注中已据今人考订说明,至正十九年(1359)正月底前,高启已返回苏州,则诗中所记之事不为此年四月的绍兴交战。且诗中作"又闻有邻兵",可知战事并未直接发生于绍兴。按迈里古思卒于至正十八年(1358)十月二十三日,此诗当作于稍后不久。又据《太祖实录》卷六,"戊戌岁十二月庚辰"条："闻张士诚兵据绍兴之诸暨,乃引兵道兰溪。"可推测高启作此诗时,双方战事未起,但俨然已有陈兵相峙之势,且距离绍兴不远,加之长枪军将至,故而高启仓促西折北上。

的部众进行了血腥地复仇,结束了这次对峙。① 诗中继续写道:"又闻有邻兵,仓卒岂敢留。促还出西门,天寒绝行辀。……野屋闭不守,泽田弃谁收?居人且奔逃,游子安得休?"尽管"人虎争夜行",但高启还是幸运地早早逃离了此地,只是对于未及游览本地的名山而深感遗憾。

第七首诗题作《夜抵江上候船至晓始行》。高启一路西行,从另外一个渡口渡过浙水,这次行舟的渡口要比第二首诗里提到的前来绍兴时经过的渡口更为靠西。高启提到,夜里他与渔商一起在渡口等船,并且描绘了渡河时的风景与激流的声音,山峦在他身后逐渐远去,新的山脉穿透雾气浮现在眼前。第八首诗题作《登凤凰山寻故宫遗迹》。高启终于来到了杭州,游访了宋朝的宫殿旧址。这首诗似应作于 1359 年的秋天,即第七首诗之后的几个月。② 诗中所写的"行人悼降

---

① 译者注:此处指江东建康道经历迈里古思与御史大夫拜住哥之间的矛盾。为适应英语读者的习惯,作者并未写明人名,而是以"蒙古王爷"(Mongol prince)指代迈里古思,以"蒙古高官"(Mongol official)指代拜住哥,"他的部众"(his followers)指代浙东金元帅黄中所率的部队。然而迈里古思并非王爵。此事可参阅陶宗仪《南村辍耕录》卷十《越民考》。
② 译者注:此诗应作于至正十八年末到十九年初(1358—1359)的冬月。诗中云"行人悼降王",宋廷向元军递交降表是在德祐二年(1276)正月,故疑此诗可能作于至正十九年(1359)正月。

王,故老怨奸相",是指南宋恭帝及宰相贾似道,后者因宋朝被蒙古所灭而遭人唾弃。诗作的结句写道:"苍天何悠悠,未得问兴丧。世运今复衰,凄凉一回望。"第九首诗题作《宿汤氏江楼夜起观潮》,诗中描绘了著名的钱塘潮,潮水来时那壮观的景象和声响。很明显高启是在一个满月的夜晚观潮,当今的旅行者也会如此。第十首诗题作《过奉口战场》。高启来到了太湖南岸的湖州路(今天的吴兴)境内,其所在的位置距离德清不远,德清大致地处杭州城与湖州城之间。高启经过了历史上著名的古战场,以寻常的笔调写下了自己的感受:白骨露野,一派悲惨景象,战死士兵的亡魂依旧徘徊于此。这也让高启自然而然地写到当时的局势:"年来未休兵,强弱事并吞。功名竟谁成,杀人遍乾坤。愧无拯乱术,伫立空伤魂。"第十一首《泊德清县前望金鹅玉尘二峰》和第十二首《舟次敢山阻风累日登近岸荒冈僧舍》也是作于湖州路境内。在德清县,高启游览了当地的胜迹。最后三首诗《过硖石》《谒双庙》《登海昌城楼望海》写于海宁,此地位于德清以东、杭州湾北岸。这几首诗也描写了当地的名胜以及与其相关的历史事件,诗中将昔日的苦难与当下混乱艰难的世道相比较。这一组十五首诗就此结束,而高启还在苏州以南近二百里的地方,很难讲他是否在此后即返回家乡。

81

这十五首诗可以算是传统风格的纪游诗,诗中需要表达出作者深刻、高尚的反思,既要涉及当地的历史背景,也要将典故与时事进行系联和比对,以显现出作者的学识。同时,这些诗作还应体现高度私人化的书写特征,表达诗人自己的行旅经验。幸运的是,高启还有一些同样写于这段游历期间的其他作品,其中不乏更为私人化的创作。相比于展示诗人的高尚情怀,这些作品更多地传达了诗人内心的思绪。这些诗作涉及了高启参加过的雅集、愉悦的享乐、孤独的思绪、对家庭的思念。这些作品也表明,高启在游历时曾去过以上十五首诗中并未提及的另外一些地方。但令人好奇的是,这些诗作中只有极少数间接地提到了当时当地依旧在延续的战事,或是军队备战和战争结果,或是与战争相关的人物及其所领导的运动。有一种可能是,数年后高启准备将作品编帙成集时,他删去了诗中与这些事件相关的内容。如果考虑到明初的统治特点,那么高启删除这些内容的理由也就显而易见了。

从高启的其他作品可知,他最远曾到过黄岩,也就是浙江海岸线中部的台州附近,此处是方国珍的统治区域。但是在 1358 年和 1359 年,方国珍曾短暂地向元朝俯首称臣,高启从张士诚的领地进入其对手的势

82

力范围,似乎也并不危险。高启也曾途经郎溪县,即今安徽东界、太湖西南,位于安徽、江苏、浙江三省交界处,是一片荒凉的山岭地带。在经过这座位于茶叶种植区的小山城时,高启写道:"县虽三户小,地僻罢兵防。"①高启在游历途中曾到过湖州,那里是太湖南岸的大城市。② 1359 年,张士诚部和朱元璋部曾交战于此。高启有可能被迫逃进山区以求得暂时的安全,因为会战双方都不会觉得这片未开发的山区值得争夺。另有一些诗作是高启在杭州时所写,不过诗中并没有提及张士诚重建杭州城墙一事。1359 年夏,张士诚斥巨资雇佣大批军民重修城垣。岁末,工事已毕,新筑的城墙在冬天便接受了考验——朱元璋部前来进攻杭州,但并没有成功。1359 年底,高启看来是在向北返回苏州的路程上缓慢行进,甚至绕了一些路。③ 尽管时势险恶,高启仍在杭州享受了日常游赏的快乐。他在诗中写道,自己在月色中泛舟于西湖,游荡在十里荷花的香气中,远处歌妓的歌声遥遥入耳;然而,同游的旅伴行

① 《次韵过建平县》,见《青丘诗集》卷十二,第 1b 页。译者注:郎溪县,古称建平。
② 译者注:高启游历吴越时,在湖州路境内仅到过德清及其附近,并未北上至湖州城。
③ 译者注:据今人考订,至正十九年(1359)春、秋,高启均在苏州有交游唱和。见贾继用:《吴中四杰年谱》,第 49—52 页。

者缺乏浪漫的情怀，而是胸怀英雄气概，除了美酒并没有带他物上船。[①] 此时是1359年的夏末，但天气"已欲秋"。[②] 高启的另一首诗中提到了一位教坊名妓的弟子，她所演奏的曲子是从曾经侍奉过元文宗（1328—1332在位）的宫人处学来的，而如今，文宗当年的繁华景象已经一去不返。诗中使用的唐代历史典故清晰地指向了当下的现状，城市陷落，曾经载歌载舞的宫殿已然化为废墟。"天子愁多内宴稀"，"始知欢乐生忧患"。[③] 这首诗看似直接指向了当年的另一事件：朝廷派使臣前往苏州，给予张士诚丰厚的赏赐与无上的荣誉。因为在去年秋天，张士诚名义上放弃了叛乱的野心，成为了元朝的官员。然而，高启并不认为这令人沮丧的混乱时局会立刻终结。

在高启游历的这段时日里，另有几首诗作展示了他对道教、道士和隐士的浓厚兴趣。高启曾于诗中提到，在杭州湾北岸的海盐，他拜访了一位居于此地的著

---

① 《泛舟西湖观荷》，见《青丘诗集》卷十五，第19b页。译者注：此处作者的解读源自诗作的中间两联："狂客兴多唯载酒，小娃歌远不惊鸥。半湖月色偏宜夜，十里荷香已欲秋。"诗中的"狂客"应是高启自况，而非高启同游的旅伴（his companion）。

② 译者注：此诗应写于至正二十年（1360）夏，高启于此年春天第二次出游吴越。见贾继用：《吴中四杰年谱》，第59页。

③ 《听教坊旧妓郭芳卿弟子陈氏歌》，见《青丘诗集》卷八，第11b—13a页。

名道士。① 高启也曾在"秋风"中到过台州附近的黄岩（这只有可能发生在 1359 年秋天,意味着高启这一年应是先从杭州南下,继而向北折返,游郎溪、湖州、海宁）②,并且留有诗作,诗中记述了他寻访道教名山的旅程,其中也涉及与道教相关的内容。③ 高启还曾为绍兴附近的胜迹写有组诗九首,历史上多有道人在此地聚集,组诗中的几首诗作称赞了著名的道家隐士。④ 然而,高启对道家学说的关注似乎仅仅是出于文人的雅好,并不能因此认为他是作为严肃的道家信徒而去游历了这些地方。

84

更有趣的是,尽管具体的行实无从得知,但在外出游历期间,高启曾写下了一些非常私密的诗作。他或许时常被孤独与思乡之情所笼罩。高启有三首歌行写到了太白星,它在拂晓时分从西方的天空升起,诗人在孤独无眠的夜晚为它吟咏。这些作品无法被准确地系年于高启行旅的那几年,但诗中的内容足以证明它们

① 译者注:《萧炼师鹰巢顶丹房》。见《青丘诗集》卷四,第 2b—3a 页。鹰巢山在海盐县南。

② 译者注:据今人考订,至正十九年（1359）秋,高启已在苏州。见贾继用:《吴中四杰年谱》,第 51—52 页。

③ 《空明道人诗》,见《青丘诗集》卷四,第 7a—b 页。译者注:此处作者的解读有过度阐释之嫌;诗中仅言"我闻赤城东,仙峤名委羽",并无法证明高启曾经亲自去过黄岩。

④ 《剡原九曲》,见《青丘诗集》卷五,第 14b—15b 页。

一定作于那段时间。在第一首诗里，高启写道："岂愿身离父母邦，山川路远非不恶。"在第二首诗里，他则抱怨道："他乡无人是知己，欲归未归东复西。弊裘愧见家中妻。"①最后一句中所用的典故，是指一人耗尽家中资财，衣貂裘而游列国，以期得到君王的赏识，继而得以施展抱负，官拜高位。然而出游数年，金尽裘敝，资用乏绝，他愧于归家，自觉无颜面对妻子。② 这或许仅仅是行旅之人传统的情感表达，但似乎也能说明，高启长期在外游历有其明确的目的，然而这些并没有实现。

高启的其他作品也提到了思乡之情。下面这两首诗描写了他在梦中回归故里，诗题即作《梦归》：

> 何事频频梦里归，只缘未惯客天涯。
>
> 觉来不见家人面，恰似前朝始别时。
>
>
> 忽梦还家上楚船，来时旧路只依然。
>
> 家人不识关山远，有梦何因到我边。③

---

① 《太白三章》，见《青丘诗集》卷八，第3a—b页。
② 译者注：此为苏秦"敝裘而归"之典，可参阅《战国策》卷三《苏秦始将连横章》、卷十八《苏秦说李兑章》。
③ 《青丘诗集》卷十八，第5b页。

还有一些诗作提到了收寄家书。其中一首题为《寄家书》，题下诗人自注"时客越城"(即绍兴)，故而此诗应写于 1358 年末或 1359 年初：①

> 底事乡书累自修，路长唯恐有沉浮。
> 还忧得到家添忆，不敢多言客里愁。②

从中文原文来看，另一首相同题材的作品应是高启最出色的短诗之一。这首诗题为《夜写家书》：

> 月淡梧桐雨后天，萧萧络纬夜灯前。
> 谁怜古寺空斋客，独写家书犹未眠。③

86

当时，年轻的高启仅有二十二或二十三岁，他第一次离家远行，度过了很多个孤独的夜晚。在偏远寺院的朴素客房，或是稍微热闹一些的路旁驿站，高启一定经常想家。许多优秀的诗作都记录了这种情感，但并没有一首明言他到底因为何事漂泊在外，无法回家。

---

① 译者注：另有将此诗系于至正二十年(1360)之说。此年高启第二次出游吴越，秋时客居绍兴。见贾继用：《吴中四杰年谱》，第 60 页。
② 《青丘诗集》卷十七，第 14a 页。
③ 《青丘诗集》卷十八，第 26b 页。

其中一首诗题为《客舍春暮》：

> 酒醒闲写送春诗，细雨残花尚一枝。
> 莫向天涯望芳草，客愁多似去年时。①

收到家书会带来短暂的安慰，但是也会增强思乡之情。这首短诗《得家书》采用了五言绝句的形式：

> 未读书中语，忧怀已觉宽。
> 灯前看封箧，题字有平安。②

另有一首诗采用了七言句式，内容与上一首相似，可以与之一并参看。这首诗题为《客越夜得家书》：

> 一接家书意便欢，外封先已见平安。
> 故乡千里书难得，不敢灯前草草看。③

在一封家书中，高启得知自己幼小的女儿身染病恙。此事可能发生于 1359 年冬天，因为诗下作者自注

---

① 《青丘诗集》卷十八，第 14b 页。
② 《青丘诗集》卷十六，第 14b 页。
③ 《青丘诗集》卷十八，第 24a 页。

"时在钱塘"。① 这首诗题为《客夜闻女病》：

> 岁尽归期尚杳然，不知汝病复谁怜。
>
> 隔邻儿女灯前笑，客舍愁中正独眠。②

毫无疑问，小女儿会得到母亲及家人的充分呵护。但当这位孤独的父亲闻知消息时，他仍不免悲伤地感到女儿缺乏父亲给予的关爱，正如他也同样缺乏家庭带来的温暖。

　　还有一些诗作也写于这几年，只是在内容上多有重复。高启与故交相见复又分别，倍感孤寂之余，写下"明朝独卧江村雨，谁复敲门话旧来"，又或是"怕愁不敢易思乡"。③

　　没有更多的信息可以说明高启是如何开始旅途的。1360 年，高启回到了苏州。④

① 译者注：此诗应作于至正十八年（1358）冬，是时高启客钱塘。见贾继用：《吴中四杰年谱》，第 46 页。
② 《青丘诗集》卷十七，第 10b 页。
③ 译者注：引文分别出自《客舍送周履道往松陵》与《夜雨客中遣怀》，见《青丘诗集》卷十八，第 24a、2a 页。
④ 译者注：至正二十年（1360）秋，是高启第二次游历吴越后返回苏州。

# 第四章
## 英雄诗人

在十八世纪早期,为高启编修年谱的金檀写道:"论其世,足以知其人。"①这句话本意是想说明高启生平信息的匮乏。在洪武七年(1374)被处决后,无人为高启撰写行状或官方祭文,如此境遇只有置于明代开国的特殊背景下方可被理解。但是,这句话也在暗示,一旦与其所处的时代相结合,高启的一生便被赋予了更为完整的意义。只要理解了那个时代,便能够解释为何高启的信息会被隐藏与禁抑,而与之相关的历史知识则引导着我们重构一些缺失的信息。反言之,高启的生平可以让我们更清晰地观察到那个时代。

---

① 金檀:《青丘高季迪先生年谱小引》,雍正六年(1728)。

　　像历史中的很多问题一样,高启的生平为我们提供了一些毋庸置疑的事实,但更多的还是一些合理的推测。从这些事实与推测中,我们或许能编织出他的生平,满足我们了解其人的意愿。如果仅仅是对高启这位诗人感兴趣,那么现有的知识已经足够;但如果是将高启看作当时历史环境中更重要的人物,那么无论如何细致地分析,这些事实与推测还远远不够。想要更进一步地了解高启,我们只能依靠想象力——至少我们希望,这是一种受过训练的、被妥善引导的想象力。诚然,从诸多的碎片中重构出完整的画面,其中有巨大的风险,然而历史学家们往往乐于冒险前进。在面对高启的生平时正是如此,"舍不得孩子套不着狼"。

　　如果将目光聚焦于 1360 年高启返回苏州后的那一段时日,我们或许会感到有些极为重要的事实可能被抹去了,剩下的是一些令人疑惑的空隙还留待填补。在十四世纪 60 年代,苏州发生了许多有趣而重要的事件,对于这些事件,高启必然知晓,定然关心,甚至很可能无法置身事外。然而他对这些事件只字不提,不免使人感到反常。这些存在的空隙无法被略过,必须将之填补。当我们检视这些难以确定的历史区域的边界时,那些散落的线索都一致地指向了同一个方向,而那些零碎的、被忽略的历史碎片则和谐地拼凑成一幅图案。这些指示使人愈发确信，对于高启的重构不会出错。高启的生平拥有更深层的意义，他照亮了当时的历史。然而也不应忘记，这种光芒与得到验证的事实所散发出的冷峻光芒实属不同的性质，尽管重构所得出的一致性令人满意，但这毕竟只是某种程度的推测。不过，我们还是要依靠这种推测来理解高启短暂的一生。

高启的一首饮酒辞很可能写于这一时期。在这首诗中，他将自己视为吴地的文士，贫穷落魄，一无所成，但他得到了友人们给予的慰藉。作为年轻人，高启并没有像真正的士子那样完全投入于学习之中，而是沉浸于少年游侠般的抱负。"偶从岸头侯，跨鞍赴边陲。欲邀深入勋，终然计无奇。归来冠侧注，始学窥书诗。稍通邹鲁生，尽谢燕赵儿。"这看似是指高启在南方的游历，他本欲像游侠一样建立勋业，然而却没能如愿。① 高启以过谦的姿态形容自己不过是一介泛泛书生，当然，这只是惯常的传统表述而已。有趣的是，高启认为自己向往的冒险游历并没有带来任何回报，这一失意让他转而追求更为严肃的人生目标。他并未放弃成为游侠的英雄理想，为了弥补这一遗憾，他开始探

---

① 这只是对《停君白玉卮》中诗句的粗略翻译。见《青丘诗集》卷四，第4a—b页。

寻文人的事业。由此可以间接意识到,游历的那些年
对于高启而言到底意味着什么。

　　几乎可以肯定的是,在1360年回到苏州之后,高
启卷入了张士诚政权的一些事件。没有任何证据可以
证明高启曾在伪朝廷中任职;如果他确曾出仕,那也必
定是某些不太重要的顾问之职,或许是在张士诚某位
臣僚的幕中。但是显然,在十四世纪60年代初,高启
与朝中的一些重要人物有所往来,或是作为亲密的挚
友,或是作为咨议的幕僚,或是作为酬酢的同道。
1358年,叛乱政权的首领张士诚至少在名义上放弃了
"诚王"的僭伪头衔,并于次年以太尉的身份在苏州接
见了元廷的兵部尚书伯颜帖木儿。伯颜为他带来了帝
国的赏赐与荣誉;作为回报,张士诚承诺每年为拮据困
顿的大都北京运送粮食。张士诚的叛军同党现在已是
名义上的帝国官员,但其与下属的关系与此前毫无差
异。张士诚的叛乱势力变成了地方政权,治下的领地
在迅速扩张。张士诚派遣依然忠于他个人的部队向附
近区域进发,这些地方原本是在抗击他的叛乱,但如今
却在元朝的名义下接受了他的保护。

　　众人心知肚明,张士诚的行为只是在为自己争取
利益,他对元朝的臣服并没有什么实际意义。然而,效
忠元朝为他的活动带来了合法性,在某种程度上,这是

*92*

很有价值的奇货。对于那些追随张士诚的人而言，现在他们的名字前不会再被冠以"匪贼"这样的侮辱性称谓。此外，从最现实的角度来看，张士诚其实成为了富庶东南地区的保护者，防御西边那既令人鄙夷又令人恐惧的红巾叛乱活动。然而清醒的人不难意识到，尽管张士诚的势力刚刚合法化，一旦他接受了张士诚的实际任命，就很有可能因张士诚再次叛变而受到牵连，他或是委曲求全，跟随张士诚同为叛贼；或是不得不告发张士诚。但是，如果真的有人被迫告发张士诚，他就不得不去直面张士诚愤怒的威压，否则便只有逃亡这一条出路。然而他又能逃到哪里呢？逃去朱元璋的红巾军？那里也同样都是叛贼。逃去垂死的大元朝廷？要想到达那里，首先需要穿过其他叛乱的地区。逃去任何政权都无法涉足的偏远山区？追随张士诚确实很有风险，但也别无他法了。像高启这样的士人阶层几乎都能意识到这些问题，而且绝大多数人都规避了这种风险。在那个时期的作品中，人们经常探究经典所蕴藏的智慧，并将古代与他们所处的时代进行类比。在从《易经》中寻找指引时，第十二卦"否"卦和第十八卦"蛊"卦时常被提及。"否"卦的卦辞作："否之匪人，不利君子贞，大往小来"；象传作："君子以俭德辟难，不可荣以禄"。而"蛊"卦的爻辞则作："不事王侯，

93

高尚其事。"①那确是一个充满了"否"（衰落）与"蛊"（混乱）的时代，君子隐退避难，不复追求"荣以禄"，不再介入现世的混乱统治，而是全心全意地致身于自我修养。

然而对精力充沛的年轻人而言，尤其是那些缺乏失意而不得志的人生阅历、不曾多年为失败的事业而付出的人，这种相对消极的处世智慧或许无法被接受。相反，他们对自己的能力充满信心，认为凭借学识与热情便可以使世界走向正轨，并使自己在这一过程中名利双收。他们甚至从《易经》中也读出了不同的人生建议。正如"否"卦的爻辞里也提道："大人否，亨"，"休否，大人吉"。而从"蛊"卦里也能看出，停滞和衰败中同样蕴含了消除衰滞的需求。"蛊"不仅仅意味着"何事起惑"，也意味着"何以治乱"，即象传中所谓：

　　　山下有风，蛊；君子以振民育德。

"否"卦传递的信息是，在一个错误的时代，命运与人作对；而命运逐渐变化，从当下的低谷开始，其变化必然是改善。"蛊"卦传递的信息则是，人犯了错误，但他可

94

───────────

① 此处及下文的直接引用是根据卫礼贤、卫德明、贝恩斯的《易经》翻译本而作出了少量修改。见《易经》（波林根系列 XIX），纽约，1950 年版，第 2 册，第 83 页及以后、第 114 页及以后。

以努力矫正这个邪恶的时代。在这两种情境下，积极的行动者看到的是对他的鼓励，而失败主义者看到的是对他那些消极行为的合理化阐释。

1360 年，高启回到了苏州，当时他是一个二十四岁的自信青年。高启作为一时俊彦的美誉开始广为流传，他在旅途中的所见所闻，以及所学的世务知识，都让他有了跃跃欲试的心态。三年前，他故意化身"青丘子"来躲避政治纠葛，装作是一位不在意世界的表面价值的诗人；现在他转而与一群心怀抱负的士人交游，探讨世道的运行方式。高启很可能继续住在青丘的岳父家里，但其他很多时间是在苏州城里度过的。在这些年里，他渐渐以"北郭十友"（亦称"北郭十才子"）之首而扬名于世。这些年轻的诗人都热衷于文学事业，他们都是非常有能力的年轻人。他们大多与高启年龄相仿，居于苏州城的东北角附近，也就是高启自家宅邸所在的位置。不过他们的住所有些在城内，有些则在城外。他们时常聚会，娱情遣兴，或是探访名胜，登高赋诗；或是饮酒传觞，觥筹交错；或是纵马放舟，优游郊野；或是入寺寻僧，参宫论道。他们也经常相互参与彼此的家族庆典。其中，有些人和高启一样，同为苏州本地人；有些人则是在动荡时期为了逃离故乡的骚乱，举家辗转迁到了苏州。在晚些时候，高启写下了组诗十

95

首,题为《春日怀十友诗》,其中八人是"北郭十才子"的成员。① 在高启一生的诗作中,有许多作品或是为他们而作,或是与他们有关,或是在他们的陪同下而写的。在高启之后的人生中,这些年轻的同伴一直非常重要。

当时特殊的社会历史背景无疑促使了"北郭十友"这一群体的形成。苏州被敌对势力包围,与外界隔绝,怀有雄心壮志的年轻人无法拥有正常的仕途。在一篇写给"十友"之一的短文《送唐处敬序》中,高启写道:

> 余世居吴之北郭,同里之士有文行而相友善者,曰王君止仲一人而已。十余年来,徐君幼文自毗陵,高君士敏自河南,唐君处敬自会稽,余君唐卿自永嘉,张君来仪自浔阳,各以故来居吴,而卜第适皆与余邻,于是北郭之文物遂盛矣。余以无事,朝夕诸君间,或辩理诘义以资其学,或赓歌酬诗以通其志,或鼓琴瑟以宣堙滞之怀,或陈几筵以合宴乐之好;虽遭丧乱之方殷,处隐约之既久,而

*96*

① 译者注:见《青丘诗集》卷三,第 18b—21a 页。"北郭十友"或"北郭十才子"的成员,不同文献中取舍不一。《明史·文苑传》与金檀《高青丘年谱》俱列为:高启、王行、徐贲、高逊志、唐肃、宋克、余尧臣、张羽、吕敏、陈则。高启《春日怀十友诗》中,未入高逊志、唐肃二人,另加杨基、道衍、王彝三人。

优游怡愉，莫不自有所得也。①

这篇短文中提到了"十友"中的五位，描绘了他们的日常活动和这段友谊之于他们的价值。文中尤其强调了"丧乱"迫使他们"处隐约"。这一套语在当时的语境下可以被完美阐释，意思是混乱的时局逼迫他们放弃了入仕的希望，无法遵循传统的惯例通过科举步入官场。这也就解释了为什么他们虽然受过教育，身负才华和理想，却没有期待着入朝为官，也没有获得实际的官职，依旧是年轻的"布衣"。不过，这并不意味着他们是与世隔绝、不与他人往来的独居隐士，被迫选择的生活方式无法满足他们宏大的理想。人应当如何从世上获得名誉与财富？接受过的传统教育既要求他们入仕于朝，又要求他们以智慧对抗并掌握世界，他们又该如何为自己创造机遇？为了探讨这些问题，他们一起度过了许多夜晚，畅饮本地所产的米酒，针对各种历史上曾经出现过的类似状况进行辩论。他们从过去的故事和彼此的智慧中寻找这些问题的答案。

最重要的是，对于拥有才学修养的人而言，诗歌能够释放他们的情感，使他们彼此劝慰。诗歌可以表达

---

① 《凫藻集》卷二，第3a页。

那些平时必须封锁于内心的虚妄想法,展示出作者真实的性格,使精神世界同样广博的读者能够明白作者真正的价值。当然,诗人也可以是具有幻想气质的人,也可以是模糊的、虚构的、纯粹感性的人。不过,最好的诗歌则超越了这些。诗歌应是英雄的媒介,是果断决绝的行动者发出的声音,是他们深邃思想的自我表达。在这些年轻的诗人中,没有沉浸于梦幻中的吟游诗人,也没有叽叽歪歪的逃避者。他们拥有强大的心灵和宏伟的目标,对于纷扰的尘世有着切实的看法,对于自身可能担当的英雄角色也有着浪漫的理解。尽管高启在其中最为年少,但无论是之于诗歌还是之于其他方面,他都是大家公认的引领者。

　　当然,"北郭十友"都是勤于诗歌创作且水平相当不错的诗人。除高启之外,徐贲和张羽也在后世享有一流诗家的盛名。徐贲的祖籍原属四川,家族因仕官的缘故移居东部,此后又因躲避战乱而徙往苏州,并定居于此。徐贲也是一位年轻的天才,以擅画山水、精于诗律而闻名。与徐贲的情况相似,张羽的家族晚近才从外省徙居到苏州。张羽也是著名的画家与文学家。张羽比高启年长三岁,徐贲比高启大一岁。二人与高启的旧邻王行一道,同为高启最亲密的友人。高启有很多诗作都提及了他们三人,或是外出偕游,或是相互拜访,或是诗歌酬唱。高启的别集中约有十余首作品提及张羽,另有四十余篇诗文语及徐贲,称二人为"北郭之友"。在张士诚以叛军首领的身份入主苏州城后,徐贲和张羽都被迫加入了伪周朝廷。二人可能曾短暂地在朝中任官,旋即遁去隐居。他们被湖州(现在的吴兴)的山川所吸引,一起前往游历,结庐山间,全心全意地治学修身。张羽专精于《易经》。徐贲的兴趣则较为广泛,似乎更为偏好道家典籍。这两个领域也确实适合那些想要逃离尘世纷扰、希望更好地理解世界的人。不过,二人最终还是回到了苏州,重返尘世,在明初入仕为官。

正如徐贲和张羽并非真心归身于隐逸,年轻的高启也不过是将隐士作为一个临时而实用的身份。以下这段文字引自高启的一篇记文,文章题为《蜀山书舍记》,是高启应徐贲之请,为他在湖州的书舍所写。这段文字明确地展示了当高启和友人过着隐居生活时,他们将注意力放在了实际的世间事务:

> 蜀山书舍者,友人徐君幼文肄学之所也。幼文尝自吴兴以书抵予曰:"蜀山在城东若干里,吾屋在山若干楹,吾书在屋若干卷;山虽小而甚美,屋虽朴而粗完,书虽不多而足以备阅,吾将于是卒

业焉！子幸为我记之。"……今幼文以方壮之齿，有可用之材，而不急进取，益务于学，以求其所未至，岂非有志之士哉？而予也，北郭之野有土，东里之第有书，皆先人之遗也。遭时多难，茀秽于榛芜，残坏于尘蠹，怅怅焉日事奔走而不知返，则其荒陋宜有愧于幼文矣！尚能为是记乎？然而书此而不辞者，盖姑复幼文之请，亦因以自厉焉！①

　　值得注意的是，高启称赏徐贲为"有志之士"，"志"是一个带有入世意味的字，形容某些事务最终的实际价值。由于徐贲的才华，他已经被邀请入仕，但是徐贲并不急于过早获得名誉与官职；他宁可做更全面的准备，这意味着他在完成准备之后，才能够更加有效地在世间运用他的才能。高启与友人们的文字中所流露出的情绪，都是积极地、有期待地在为世间的伟大事业进行准备。在一开始，他们逃避了张士诚叛乱带来的机

---

① 《凫藻集》卷一，第 5a—b 页。值得注意的是，高启另有《送徐以文序》，文中作徐贲字"以文"，而非"幼文"。见《凫藻集》卷三，第6b—7a 页。高启的《送徐七山人往蜀山书舍》一诗似乎更具有"英雄"风格，可能最为极端地表达了这群年轻人的浪漫英雄主义，但它难以被翻译。见《青丘诗集》卷四，第 10b 页。译者按：有"结客抱狂志，倾身通侠交。东将观渤澥，西欲蹄崤嵁。奔蹄脱惊辔，堕翮连飞镞。酒具载车出，兵法籯灯钞。从军愿奋立，学儒耻讥嘲"之句。

遇，毕竟他们还不太确信这是否能够让他们达成自己的理想。后来，当张士诚得到朝廷的宽恕并被授予合法的地位，当其他的选择变得更加糟糕的时候，他们中的有些人确实被短暂地吸引了，但是他们并没有完全搁置其怀疑的态度。大部分人似乎寄希望于这个叛乱政权可能会向好的方向发展，有些人则与这个政权建立了某种联系。在十四世纪 60 年代初期，高启似乎也抱有同样的期许。

如果我们将目光聚焦于高启的其他朋友以及相关人物，这种特征则呈现得更加明显。

高启、张羽、徐贲、杨基四人同辈，生前并称为明初诗坛"四杰"，拟之于开创了中国诗歌史上辉煌年代的"初唐四杰"。对于唐代"四杰"中何人堪居首位，历来或许难有公论；但文学批评家们一致认为，在明代"四杰"中，高启实踞众人之上。如果说当时他们之间存在任何形式的竞争，那也应是一种友好的形式。

第四位诗人杨基与徐贲一样，祖籍四川。杨基生于苏州，不过并没有住在苏州北墙之内的那片区域，因此没有列入"北郭十友"。他与高启互为密友，彼此多有诗歌唱和。杨基也是一位神童，在很早就出名了。当发现混乱的时局阻碍了自己的理想时，他便退居苏州城西郊的家族宅第，专注于学习。不过很快，杨基便出仕了,饶介招揽了杨基,让他中断了过早的隐居生活。① 饶介是在张士诚政权负责文学事业的首席官僚。杨基并没有获得实际的官职,而是以非官方的身份成为饶介幕下的"宾客"。他的职责是陪同这位长者参加文人雅集,切磋诗艺,畅谈文学。不过,也不应认为杨基与饶介的往来是在自降姿态。杨基并非为了得到物质利益,从严格意义上讲,他也未必追求个人利益。杨基是一位才华横溢的年轻诗人,他得到的回报正是社交圈对其才华的认可——重要人物对杨基的恩惠与关注,掌声与名誉,以及与志趣相投之人为伍所带来的激情。他们的文学狂欢可以看成是"英雄的聚会",并且认为他们是在模仿过去的伟大人物,学习他们最高尚和最有价值的经验。此外,这种情况还有一个重要的面向,即两种价值的有利结合:一是饶介作为张士诚政权的高官所拥有的权力和地位,一是饶介对于青年文人学士的提携。一个理想的朝廷应该培养这种价值观,即尊重和鼓励有才华的人。在世人眼中,朝廷支持饶介这样的人,再通过饶介支持杨基这样的人,这样便会赢得世人的尊重。高启、杨基等文人都会把这种文化政策看作是张士诚政权发展的好兆头;而且至少在

---

① 译者注:在客饶介所之前,杨基曾被张士诚辟为丞相府记室,未几辞去。

数年之内，其发展确实如此，他们的判断并非出于盲目的乐观。①

  "十友"中其他几人的状况也很能揭示一些问题。

其中一人名为余尧臣，在移居苏州成为高启近邻之前，已经在浙江北部某些高官的府邸中任职了。作为文职顾问和文学侍从，余尧臣在地方防御方面有着重要的贡献。但是，他也因为元末的状况而感到沮丧，故而放弃职位选择退隐，在苏州过起了以文章自娱、充满希望的生活。② 高启的不少诗作表明，余尧臣常常在家中招致宾客、置酒欢宴，诗中亦可见余尧臣在治术和军事方面的学问颇为时人所推重。③

---

①  徐贲的别集名为《北郭集》，张羽的别集名为《静居集》，杨基的别集名为《眉庵集》；这三部集子收录于《四部丛刊》三编。尽管此处没有引用，但在构建高启的社交圈时，我非常依赖这三部别集。无论是在文学方面，还是其所包含的其他信息，杨基的别集都特别有趣而且很有价值。

②  译者注：关于余尧臣的记载可参阅钱谦益《列朝诗集》"甲集前编第十一"："尧臣字唐卿，永嘉人。早以文学著，客居会稽，越镇帅院判迈善卿、参政吕珍罗致幕下，与有保越之功，荐剡交上，无意仕进，于越之桂桐里治圃结茅，署曰'菜薖'。已而入吴，居北郭，与高启、张羽为'北郭十友'，即所谓'十才子'也。"

③  译者注：前者可参阅《夜饮余左司宅得细字》《与诗客七人会饮余司马园亭》，见《青丘诗集》卷五，第 13a—b 页；卷十三，第 2a 页。后者可参阅《答余左司沈别驾元夕会饮城南之作时在围中》一诗，诗中有"故人念我有二子，省内郎官府中佐。别离两月不相逢，身佩弓刀从戍逻"和"君才于世俱可珍，周贾东游抱奇货"之句。见《青丘诗集》卷八，第 18b—19a 页。

"十友"中的另一位是宋克,苏州本地人。宋克身材高大,尽管接受过传统的教育,但他却对游侠骑士、军事历史、阵法兵略更感兴趣。宋克本希望出仕朝廷,但由于当时叛乱四起,他发现自己根本无法动身北上。① 张士诚进入苏州后曾尝试招揽宋克,但并没有成功,因为宋克"杜门染翰"。高启对宋克极为尊崇,为他撰写了《南宫生传》,②记述了宋克在年轻时如何散尽家财、放浪形骸,但在此后有所改变,树立了严肃的人生目标。宋克先学习兵法,最终转向学习书法与文学。很明显,宋克是一个有理想、有行动力的人,一个有实际能力和宏伟理想的人,一个有高尚道德目标的人,他在行事之前必先理解其意义与价值;但是,由于身处乱世,宋克无法找到这些价值,因此他感到忧伤。所以,高启如此尊敬宋克并与之结交,也就显得不足为奇了。

"十友"中的另一位是吕敏。吕敏是道家弟子,原因是除了道家弟子之外,大元朝廷不允许士人阶层穿

103

---

① 译者注:可参阅《南宫生传》,文中提及:"将北走中原,从豪杰计事,会道梗,周流无所合。"另参阅《感旧酬宋军咨见寄》,诗中提及:"业成事燕将,远戍三关营。岩谷雨雪霏,哀兽常夜鸣。抚剑起流涕,军中未知名。奇勋竟难图,回临石头城。"见《青丘诗集》卷四,第 1a—2a 页。

② 《凫藻集》卷四,第 1a 页。

着传统的汉人装束，而吕敏宁愿去做道士，也不愿按照规定去穿"胡服"。早先时候，他接受了传统的儒家教育并准备考取功名，在明朝开国后，他得以在朝中任职。在十四世纪60年代那段动荡的年月里，吕敏作道人打扮，并在僧寺中度过了一段时日。在写给吕敏的诗中，高启非常明确地表示，吕敏以这种特殊的方式生活，主要是为了躲避当时混乱的局面。① 他的确是一位道家弟子，但并不是真的想要寻求道教的点化而完全脱离尘世。吕敏转习道教恰恰是他在表达对于蒙古统治的反感。吕敏的反抗精神、个人修养和文学志趣，正是他得以名列"十友"的原因。②

"十友"中还有两位值得一提，即陈则和唐肃。二人均以学识和文才而闻名，在这些年中都以课书为业，为准备步入仕途的年轻学子教授儒家经典。明初，二人都曾在地方上担任学官。③ 在一场送别唐肃的宴会上，高启写下了《送唐处敬序》，当时是十四世纪60年

① 译者注：可参阅《答吕志学山人见寄》诗结句："莫愁孤馆春寥落，且向江干避乱离。"见《青丘诗集》卷十四，第20a页。
② 译者注：高启有《送吕山人入道序》一文，详述吕敏事迹。见《凫藻集》卷二，第5b—6a页。
③ 译者注：此处表述或许有误。唐肃在元末曾任嘉兴路儒学学正，明初则擢应奉翰林文字，兼国史院编修。陈则在洪武初任应天府治中，后擢户部侍郎，复出为大同府同知，并未担任过地方的儒学教授、学政或教谕。

代中期,唐肃即将前往邻近的城市担任学正。[1] 高启在序文中提到了他与友人们的各种活动,并且遗憾地感慨朋友们纷纷离开——徐贲和张羽去了湖州附近的山中隐居读书,高逊志也已前往他地,如今唐肃也不得不离开。当高启在自家举办的送别宴会上抱怨时,另有一位客人说道:"君子所贵乎同者,道也;所喜乎合者,志也",并称:"虽限胡与越,而亦不异于北郭之近矣"。[2] 高启认同这种说法。("胡""越"在字面上是汉代的历史典故,在元代可能被用来指代蒙古人和红巾军或其他叛军。[3])从高启写给友人们的其他诗文来看,这种精神层面的"同"与"合"是很强烈的。这种精神不仅代表着他们对文学和学问的共同兴趣,也意味着他们对诗歌创作的热情。毕竟,这群聪慧的年轻人对于如何参与世间事务的理解是相当一致的,他们已经做好准备去审视当时发生的事件,分析军事与政治发展的利弊,精准地判断哪些事情是必须要去做的。他们的学识与智慧让他们对于自己的判断很有信心,而且

104

---

[1] 译者注:此篇序义作于至正十五年(1365)冬,是时唐肃将赴官嘉兴。

[2] 这篇序文的部分内容在本章的前文中已有翻译。见《凫藻集》卷二,第3a页。

[3] 译者注:此处对于"胡""越"的解读或有过度阐释之嫌。

他们相信，当时机来临之际，他们有资格且有能力像英雄一样让世界回到正轨。尽管他们中间有些人被迫出逃或归隐，暂时躲避身边发生的困境，但实际上，这些自信的年轻人在这段时间并不认同隐退的价值。他们是殷切且乐观的，并且希望能够设法证明自己。

除了"北郭十友"，高启的其他一些友人也处于相似的状况。其中最杰出的是一个年轻人，高启在诗中称其为"衍师"。道衍本是苏州的医家子，他在学习方面极为聪颖，但在接受了良好的传统教育后，他转而修习佛法。道衍比高启年长一岁，大致在高启动身游历南方的时候，道衍剃光了头发，穿上百衲僧衣，遁入空门。① 道衍是一位特立独行的僧人，他没有致力于钻研佛经和源自印度的哲学思想，而是前往佛寺附近的道观，给一位道士当学徒——道衍关于军事策略、政治权术与世俗事务的深刻认知都是从这个道士身上学到的。② 传说道衍韬光养晦，不愿其特殊的才能为外人知晓。一位见多识广的人看到道衍后直言："公非常僧，刘秉忠之俦也。"③刘秉忠本为僧人，还俗后担任忽必烈

---

① 译者注：据《明史·姚广孝传》："年十四，度为僧。"则其出家是在至正八年（1348），早在高启游历南方十年之前。
② 译者注：据《明史·姚广孝传》："事道士席应真，得其阴阳术数之学。"
③ 译者注：此人为相者袁珙。

汗的心腹谋士近三十年。忽必烈汗创立大元，在中国确立蒙古政权统治的一段时间里，刘秉忠实际履行着丞相的职责。这一类比是很恰当的。①

　　僧人道衍在此后遇到了明太祖的第四子燕王朱棣，燕王很仰慕他的才干。燕王迫使道衍放弃僧人身份，还俗使用其本名。姚广孝辅佐燕王，也就是此后的明成祖。在燕王叛乱阶段和永乐朝的大部分时间里，姚广孝都是实质上的宰相和最重要的谋臣，直到他于1418年逝世。高启应该见识了这位年轻人的才华，他们两人很可能成为了要好的朋友——如果他们没能成为亲密的朋友才是令人惊讶的。高启约有十余首诗是写给道衍的，又在1370年为其诗集撰写序文《独庵集序》。在这些文字中，高启极力赞美了道衍渊博的学识、处事的决断和文学的才华。其中一首诗题为《西涧访衍上人》，"上人"是对僧人的尊称：

　　　　日暮冒余雪，望烟西涧阴。

　　　　不因师住远，何事到山深。②

---

① 这很可能是一个出于"后见之明"的故事，因此这一类比会显得非常恰当。

② 《青丘诗集》卷十六，第16b页。

其他写给或提及道衍的一些诗作往往也不会表露很多内容，但同样能够证明二人之间存在默契的理解与亲密的关系。僧人道衍是一位"英雄人物"、诗人、思想者，但他同时也是一个很有行动力的人，这对于他们之间的友谊至关重要。

高启和他的友人们都致力于特定的英雄主义理想。在中国文化中，这意味着同时展现出个人的道德勇气与智慧，也意味着彰显他们从教育中获得的文化修养。这是一种对英雄偶像的仰慕之情。所谓英雄，是那些施展平生所学，成就伟大事业，从而流芳千古、青史留名之人。他们应当在乱世成为一个高尚且明智的官员，为当权者提供深思熟虑后的建议。他们拥有足够的能力对世间的需求作出现实的评估，并且制定计划使天下恢复正常。以上就是这群年轻诗人真正的理想。而诗歌则是他们的语言。诗歌最清晰地道出了他们的价值，而诗歌自身的不朽价值又能为诗人带来永恒的名誉。中国文化本就极为推崇诗艺之神妙，而诗歌又被视为个人道德之表征。诗人会被视为艺术家加以评判，但更重要的是，他们能够在作品中呈现出种种英雄的品质。① 能将这些品质载之豪言、见诸行事的

① 译者注：作者对于"诗人"的基本定义趋近于西方概念中的"职业诗人"，因此在书中屡屡强调中国诗人与西方职业诗人的差异。

机会可遇而不可求,诗歌便是唯一的途径。高启和他的友人们都渴望能得到这样的实践机会。他们通过诗句表达心中的英雄气概,坚信彼此的诗句可以佐证内心原本难以抒发的情感。在通常状况下,这种情感无须平叙直陈,精魂之内蕴、感慨之崇高、丘壑之旷远,已然在诗歌中展现得淋漓尽致。诗歌不但摹写了种种英雄行为,其本身也成为英雄事业之一端。

　　在一些作品中,高启更加直接地描绘了这些英雄行为。例如,他有一首写给宋克的长诗《感旧酬宋军咨见寄》,宋克在移居苏州"北郭"之前,曾任军咨和地方官。高启在诗中提到,宋克在其放荡不羁的少年时期,或是斗鸡走马,或作意气之争,只醉心于任侠与争胜。但随后,他逐渐收敛了自己放荡的心性,专注于学业,追求更有意义的人生。在这首诗里,高启对宋克说,他们二人有着相同的精神:"顾余虽腐儒,当年亦峥嵘。"①高启运用典故描绘了自己年轻时的理想,他希望像历史上的英雄那样,率军作战,合纵连横,获得君主的信任,为天下带来和平。② 在另一首诗中,高启讲述了自己与来自开封的高氏远亲相遇,他们的祖先是北

① 《青丘诗集》卷四,第1a—2a页。
② 译者注:原诗共一百句,其中与高启青年志向相关内容的仅四句,即"小将说诸侯,捧盘定从盟。大欲干万乘,献策登蓬瀛"。

齐的建立者。高启急切地希望这位尚武的北方族人不要将他视为迂腐的南方书生。(这首诗前四句的翻译在本书第39—40页。)① 高启对这位族人说,英雄的血液仍在他们身上流淌。② 诗中,高启描写了对方勇武的英姿、气力和胆识,还有他意图建功立业的英雄气概。此后,高启如此描述自己:"我岂白面郎,少年亦困穷。"他们一起壮怀慷慨地高歌,一起豪爽肆意地饮酒。"与君岂乐祸,西方见妖虹。莫谓着鞭晚,艰难殊未终。"③ 这些诗句包含了历史上英雄人物的典故,其中最有意思的是"西方见妖虹"一句的用典。表面上看,这似乎指向战争的罪恶,但是在字面上,这也可能是在喻指苏州西边水域上的红巾军。④ 无论如何,高启都希望

---

① 译者注:此处提到的作品应为《送高二文学游钱塘》,见《青丘诗集》卷八,第10b—11a页。但下文的论述和引文实际都出自《赠铜台李壮士》,见《青丘诗集》卷四,第16a—b页。按本书第二章里曾提到这两首诗,其中《送高二文学游钱塘》的前四句并没有被翻译,(即"我家本出渤海王,子孙散落来南方。只今遥承几世后,坐弃战陈谈文章。")被翻译的是《赠铜台李壮士》的前四句。(即"我祖昔都邺,神武为世雄。至今铜台下,子弟习其风。")疑是作者误将二诗内容相混淆,且在阐释时加入了一些自己的理解。

② 译者注:此处应为作者对《赠铜台李壮士》的前四句作出的另类阐释。

③ 《青丘诗集》卷四,第16a—b页。

④ 在明朝建立之后,明朝与红巾军的渊源是朝廷的禁忌。只有在很偶然的情况下,我们方能看到一些只言片语,旁敲侧击地提到这一渊源。或许是因为这些文字可以用另外一种方式来进行解读,所以才没有被删去;又或者是由于某些其他的原因,这些文字没有被审查者发现。

这位与他刚刚见面、拥有着英雄气概的远亲能将自己看作是同样具有尚武精神的人。

所有这些愿望并非只存在于诗人空洞的想象,高启及其友人确实为了获得他们所敬仰的英雄能力而付出了努力。高启曾操习剑术和其他武艺,研读古老的兵书,以期成为兵法谋略的专才。这一目标往往被间接而不经意地表达出来,后来高启则有意地掩盖了早年的这些经历。某次,当徐贲即将离开苏州前往湖州的山间书舍时,高启在《送徐以文序》中提到了他们共同的经历:"其豪健俊伟、魁闳辩博、饮酒谈笑以意气相得者,固不为少。"①在另一篇《送倪雅序》中,高启记述了他与倪雅的友谊。倪雅为人颇负傲气,一般不屑与人交游。高启写道:

> 余少未尝事龈龈,负气好辩,必欲屈座人。一日遇倪君于客馆,其年又少而气则过余,与之论兵家书,穷昼漏,余不能屈也。故余且异君,而君亦不鄙余,遂相与定交焉。自是每见,必挟史以评人物成败之是非,按图以考山川形势之险易;或命酒对酌,歌呼淋漓,意气慨然,自谓功名可致不难也。②

① 《凫藻集》卷三,第 6b—7a 页。
② 《凫藻集》卷二,第 3b—4a 页。

之后,高启提及了他们共同的理想以及英雄般的愿景。因为相互敬佩对方的兵家见地,二人定交为友。这一点很能说明问题。

还有更多、更为确切的证据可以表明,高启在一群以政治和兵略为志趣的士人中确实出类拔萃。现存的两篇有关高启生平的传记,一篇为《凫藻集本传》,是在高启谢世后一年之内,由其密友兼旧邻李志光所撰;另一篇为《槎轩集本传》,是在高启死后十余年至二十余年间,由门人吕勉所写。鉴于明初的政治环境以及导致高启被处死的政治原因,这两篇传记都没有涉及高启与张士诚政权之间可能存在的关系,而是转为强调高启并不像很多逢迎之人那样,为了获得即刻的晋升而去取悦张士诚。在这方面,他们无疑是正确的。但即便如此,这两篇传记还是间接地揭示了一些非常重要的事实,不过也许作者都没有意识到其中的重要性。李志光的《凫藻集本传》中提到,在张士诚政权中,譬如饶介这样的文学宗主对高启很是尊崇。除了诗歌技艺,高启"尤好权略,论事耸人听,故与饶如投左契;定交者若王彝、杨基、杜寅、张宪、张羽、周砥、王行、宋克、徐贲之徒,胥不羁赡才,爽迈有文,谈辩华给,憪然以为天下无人,一时武勇多下之"。① 门人吕

---

① 《凫藻集》前序文,《四部备要》版,卷一,《本传》,第11a页。

勉所写的传记也记录了同样的事。不难看出,高启是一个很有影响力的青年才俊,他对世事的见解惊人地深刻,对时局的判断亦极为恰切,因此时人多向其问计,也对其礼敬有加。这位年轻的诗人堪当经世致用之人,而这个世界也承认他在这方面的能力。

通过重建高启及其社交圈的活动,我们所揭示出的英雄气概似乎很容易被讽刺为"嘲讽英雄"之类的作品。① 然而,讽刺这种英雄气概是错误的。中国文化和西方传统一样,对于二者的区别很是敏感。文化符号各不相同,从中文语境"翻译"到我们自己的语境,也不应只停留于表面上的相似性。诗人会通过夸张的表述来强调自身的价值与重要性,他们一边像英雄一样狂饮,一边哀叹所处的时代与个人的命运。这可能看起来有点可笑,而且乍看之下也会有些许熟悉的感觉。然而,高启及其友人们的状况却并非如此。他们没有刻意夸大自己的价值。事实上,他们代表了那个时代文学才俊的共同心声。其中有几人还是当时著名的画家。他们代表了在政治和军事方面能力出众的顾问群

① 译者注:"嘲讽英雄"(mock-heroic)是西方文学中的一个概念,嘲讽常见的古典英雄和英雄文学的刻板印象。通常情况下,"嘲讽英雄"之类的作品要么是将傻瓜作为作品中的英雄角色,要么是将英雄的品质无限夸大,以至于让这个角色看起来荒谬无比。

体,其中一人最终成了帝国首屈一指的官员,而另外几人也有着完全不输于前者的才干,只不过他们没有得到同样平步青云的机遇。简而言之,在十四世纪中叶,不可能有比他们更为出众的人了。

我们也不应将这群人和西方历史上的相似人物进行类比,因为不同的文化符号有着不同的意义。在中国文化里,诗人不是怪诞的角色,也不是重要事件发生时处于舞台边缘位置的闲人;诗人反而更像是典型人物,每当重要事件发生时,他们必然占据舞台的正中央。对于自己的诗歌创作和作为诗人的成就,他们往往并没有自我认知,因为作为诗人,他们的思维是自然浑成的。尽管伟大的诗歌作品是罕见的、难以达成的,而任何伟大的事物总是如此。在中国的语境里,"嘲讽英雄"应该指向另一类人:他们理应拥有诗人的敏锐性,但却因缺乏这一特质而显得可笑。在高启的时代,"嘲讽英雄"的代表人物当属功败垂成的叛军首领张士诚:年轻有为的他在事业初起时也曾表现出绝对的勇气,然而很快便堕落成贪图安逸的吴王,他狭隘的视野无法匹配所获得的机遇,最终便沦为一个可笑且可悲的人物。高启与友人们则恰好相反,他们确实拥有英雄般的视野和能力,而这正是时代与文化赋予他们的。

毋庸置疑的是,高启与张士诚政权的关系变得日渐紧密。有足够的证据表明,在1360年回到苏州之后,高启在很多时候都与张士诚政权中的重要人物往来交游。他在四首诗作和四篇文章中提到了饶介,并且交代了这些作品的创作背景。其中一些是为了纪念他们游赏邻近的风景名胜。当时,身为主人的饶介召集了一群文人娱情享乐,他们赋诗山水,议古论今,开筵纵饮。在1362年所写的《代送饶参政还省序》里,高启提到了张士诚如何邀请饶介出山,并将政权规划的重任交予饶介。文中写道:"呜呼,盛哉!此岂偶然也耶?盖天将兴人之国,则必赍以聪明奇特之士,与之左提右挈,以就大事。"① 与饶介无异,高启也想成为他笔下描述的这一角色。在其他文章里,高启曾提及他客于饶介府上的时光。"客"字的语义略为含混,它可以用来形容一个人接受了幕主的恩惠。② 当张士诚政权败亡后,饶介被明朝俘获,因敌对身份而遭到处决;高启在《哭临川公》诗中写道,他辜负了饶介与他十年的友情。③ 以上这些可以证明,高启与饶介的关系非常密切,因此他与张士诚政权的关系也绝不会像明初传记

113

① 《凫藻集》卷三,第7b页。
② 《凫藻集》卷五,第4b页。译者注:这篇文章是《匡山樵歌引》,原文作:"南康宋悼天章,向寓吴,与余同客临川公之门。"
③ 《青丘诗集》卷十二,第5b页。译者注:原诗作:"无因奠江上,应负十年知。"

作者们想让我们看到的那样清白。

然而，高启与张士诚政权最为重要的联系，并非他与宿儒饶介的交游，而是他与蔡彦文之间的友谊。蔡彦文当时年近五十，在加入张士诚政权之前，他曾在东南三角洲的地方政府中长期任职。蔡彦文是一位见识深邃且行动果决的地方官。此外，他也是一位喜好与文人雅士交游的诗人。因此，高启与他志趣相投也是理所当然。1360 年，蔡彦文入仕张士诚政权，名义上则是元朝的官僚，因为当时张士诚已经向元朝称臣，不过他的官职本质上还是张士诚任命的。尽管蔡彦文并没有在张士诚的官僚体系中身居高位，但却是其麾下最受重用的两三位官员之一。如果高启想要将自己的一些观点灌输到张士诚的政策中，那么他应该明白，通过蔡彦文来接触这一政权，要比通过饶介所能提供的途径更有保障，也更为直接。因此，高启与蔡彦文的交往意义非凡。在写给蔡彦文的一些诗文中，高启提及了对方的名字并说明了创作的语境，这些作品表明，二人应是通过某些共同的朋友而相识的，而高启对蔡彦文的个性和能力表示出极大的敬意，并且称赞他在张士诚政权中的重要性。① 高

① 高启提及蔡彦文的作品如下：《燕客次蔡参军韵》《退思斋为蔡参军赋》《感怀次蔡参军韵》，见《青丘诗集》卷四，第 18a—b 页，第 18b 页；卷十四，第 19b 页。另有一篇文章《送蔡参军序》，（转下页）

启的另外几位朋友也在张士诚政权中任职,也是高启重要的联系人,但他们不会比蔡彦文更重要了。

由此来看,诗人高启并非只是致力于艺术创作的天纵之才;他同样心怀理想,而且他的理想远远超越了文学的范畴,启发他的是那些在处理世俗事务时具有强大行动力的人们的浪漫主义理想。在西方文明中,这种双重的生命体验几乎无法调和,然而在高启所处的文化中,这恰是其最高价值的体现,而且历史上也不乏让高启模仿的成功先例。此外,在高启所处的时代和历史环境中,他的理想是极有可能实现的。在一个让世人普遍失望的年代,高启寄希望于寻找到满意的契机进而有所作为,这种希望激发着这位年轻诗人的想象力。从时局所能允许的状况来看,高启的热忱无疑使其前景看起来非常乐观。有证据表明,高启曾屡屡遭受挫折,但仍然没有完全放弃他的坚持,正所谓"倾否,先否后喜"。高启倾其所能想要达成"否极泰来"的转变,然而他最终意识到,时局并不如自己预想的那般美好。

---

(接上页)见《凫藻集》卷三,第 9a—10a 页。译者注:《送蔡参军序》中作:"余时窃伏田里,有欲献于侯而未暇也。适侯之故僚吏有来征文颂侯者,乃坐而叹,作而言曰……"作者所谓"二人共同的朋友"即应指这位"故僚吏"。

# 第五章
# 英雄幻灭

在南方之行结束后，高启于 1360 年回到了苏州。然而，在苏州所面临的情况让他不时感到沮丧。早在 1361 年，当高启二十五岁时，他在诗中自称是一个颓废的、醒悟的、"渐老苍"之人，并且已将年轻时的"妄念"搁置，转而专注于一些无足轻重的目标。[①] 所谓年轻时的"妄念"，明显是指他的南方之行以及对于谋得官职、展现才能的期盼。但是，诗中也强烈地批判了当时已经在朝中身居高位的人。这种否定态度应是针对张士诚政权的那些"新贵"。几乎可以肯定，这首诗是高启在失望的时刻写下的。对于光明前景的"妄念"，对于

---

① 译者注：这首诗中有"安居保常分"一语，此处应是作者对这一句作出了重新阐释。

入仕张士诚朝廷的绝望,都使他认为隐逸文士的生活才是最好的选择,为此他在诗中运用了传统的语词,夸张地描绘了这种淳朴而简单的生活。

这首《赠薛相士》是写给高官薛鉴的长诗,①他催促高启出仕为官;高启对他的感情则未必是很亲近的。全诗如下:

> 我少喜功名,轻事勇且狂。
>
> 顾影每自奇,磊落七尺长。
>
> 要将二三策,为君致时康。
>
> 公卿可俯拾,岂数尚书郎。
>
> 回头几何年,突兀渐老苍。
>
> 始图竟无成,艰险嗟备尝。
>
> 归来省昨非,我耕妇自桑。
>
> 击木野田间,高歌诵虞唐。
>
> 薛生远拿舟,访我南渚旁。
>
> 自言解相人,视余难久藏。
>
> 脑后骨已隆,眉间气初黄。
>
> 我起前谢生,弛弓懒复张。

116

---

① 译者注:杨联陞的书评中已经指出,此处作者误译了"相士"(看相的术士)一词。见王存诚译,杨联陞著:《汉学书评》,北京:商务印书馆,2016 年,第 399 页。

> 请看近时人，跃马富贵场。
>
> 非才冒权宠，须臾竟披猖。
>
> 鼎食复鼎烹，主父世共伤。
>
> 安居保常分，为计岂不良？
>
> 愿生毋多言，妄念吾已忘。①

117　这首诗中带有强烈的消沉基调。这反映出《易经》中消极的处世智慧："君子以俭德辟难，不可荣以禄。"然而，指责命运、接受挫折虽然不失为一种选择，但却并不会让高启这样的人感到满足。在十四世纪 60 年代初的那段时间里，高启沉浸于英雄主义情怀，满怀期待地关注着张士诚政权。例如，为了纪念 1362 年重阳的一次远足，高启写过一篇《游天平山记》，天平山位于苏州城西三十里左右。重阳有登高的习俗，一直都是人们外出优游的好由头。高启在文中记录了自己愉悦的心情，他履行了与一群"同志之友"的约定。在这篇具有感染力的散文里，他描绘了自然的美景，讲述了友人们在短暂休息时，采摘菊花放入酒中畅饮——菊花与秋日的节气有关。在文章结尾，他写道：

---

① 《青丘诗集》卷六，第 20a 页。在某些版本中，薛相士的名字写作薛月鉴。

　　乐饮将半,予起言于众曰:"今天下板荡,十年之间,诸侯不能保其国,大夫、士之不能保其家,奔走离散于四方者多矣! 而我与诸君蒙在上者之力,得安于田里,抚佳节之来临,登名山以眺望,举觞一醉,岂易得哉? 然恐盛衰之不常,离合之难保也,请书之于石,明年将复来,使得有所考焉。"众曰:"诺。"遂书以为记。①

118

高启在这里感谢了"在上者"张士诚。"诸侯"与"国"是源自古代的传统表述,在此很明显借指这一时代的强者。同高启一起远足的友人已经无法考证,但正是在这一年,他写过一篇赞美饶介与张士诚政权的文章,而且从文中的语气来看,张士诚政权中的某位人物很可能曾与这群人一同出游。②

　　然而次年重阳,高启并没有返回天平山,他的全集中最消沉的作品之一便是写于此日。这首诗题为《癸卯九日》:

---

① 《凫藻集》卷一,第3b—4b页。
② 译者注:这篇文章是指《代送饶参政还省序》,序中作:"太尉镇吴之七年,政化内洽,仁声旁流,不烦一兵,强远自格,天人咸和,岁用屡登,厥德懋矣。"见《凫藻集》卷三,第7b—8a页。

> 酒熟如何菊未开,小园荒径独徘徊。
>
> 不随宾客登高去,只恐愁因望远来。①

酒已经准备好了,但还缺了些什么? 菊花还没有开。或许是个人的伤怀心事破坏了今年的节日气氛,又或许是近来的世事变化使人心灰意冷。同年九月,张士诚再次宣布反叛,放弃了蒙古朝廷授予的官衔和荣誉,并且拒绝将粮食运往北京。正如去年重阳时高启在文中所写的那样,他们这群对张士诚政权抱有期待的人,也会畏惧“天下板荡”的状态,也会发现政权的变动足以令他们深感忧虑。张士诚是他们所仰赖的地方守护者,他手下的高级官僚们大多是高启及其友人的金主和朋友。然而,张士诚再次反叛。无论是从大元朝廷还是从历史的角度来看,饶介、蔡彦文以及曾为饶介幕僚的好友杨基,如今也都成了叛贼。或许高启自己也在考虑,他是否应该断绝与张士诚政权的联系? 或者他是否应该继续留在张士诚政权里? 无论张士诚政权是反叛还是归顺,高启还是希望它能庇护所有人。

这一变故迫使高启深思熟虑,让他重新评估了张

---

① 《青丘诗集》卷十八,第 19a—b 页。

士诚的活动。在此之前,高启已经意识到了张士诚政权的弱点,但毕竟饶介、蔡彦文和其他一些名士愿意将自身命运与张士诚政权联系在一起,这使高启对它多少存有期许。他原本的期待是,有能力和正直的人可以给张士诚的疲弱政权带来力量,《威爱论》一文显然是在试图对这一政权做出改革,特别是对其军事组织。这篇文章可能是为蔡彦文或饶介而作,或许是高启和友人以及张士诚政权的官员们讨论后的产物。高启希望自己的文章能够通过这些官员传达给张士诚本人,并借此带来迫在眉睫的改变。

　　《威爱论》是一篇短小精悍的论文,[①]八百余字,[②]旨在解决如何约束和有效地使用军队的问题。高启认为,这一时期的兵卒要么是来自乡村的流浪者,即流离失所的农民,要么是来自城镇和市井中那些毫无责任感、有犯罪倾向的混混——他们没有家,没有固定工作,没有受过教育,没有纪律,缺乏道德上的自我约束,也不遵守任何的外部禁令。对于这些人来说,服兵役是一个掠夺和抢劫的机会;他们没有战斗的意愿,也不理解什么是更宏伟的目标。高启强调,对于这些货色,军队管理者不能依靠仁爱;高启援引公元前六世纪

120

① 《凫藻集》卷一,第 1a—2a 页。
② 翻译成英文约数千词。

的军事家孙子的著作，指出"畏敌者，不畏我；畏我者，不畏敌"。① 要使他们敬畏统帅，服从纪律，成为可靠、有效的兵卒，唯一的办法就是对违反军纪的严重行为处以死刑。在高启看来，为长远计，以杀肃军其实是仁爱之举，由此所凝聚的军队战斗力能够使兵士在敌军的进犯下保全自身，让他们得以保家卫国，进而使百姓免受目无法纪的掠夺与破坏。高启也承认，威慑须由仁爱来平衡，但在目前的情况下，军中缺少的是威慑而非仁爱，因此文中并没有强调对仁爱的需求。高启的结论是，这不是一个仅仅需要将军们关心的问题。因为如果"天子"践行这个原则，帝国就能得到良好的治理，如果"国君"遵守这个原则，这个地区就能得到良好的秩序和强大的力量。② 这不仅仅是一个技术性的军事问题，而是一个政治问题。

121　　高启文中提到的"天子"是指元代的皇帝，而"国君"显然是指在苏州称霸的张士诚。因此，这篇文章的

① 译者注：此句应出自唐人李靖所撰的《卫公兵法》。该书在北宋年间散佚，后有清人据前代著述中所引的逸文，辑为《卫公兵法辑本》三卷。见《丛书集成新编》，台北：新文丰出版公司，1985年，第32册。

② 译者注：乾隆皇帝曾作《读高启〈威爱论〉》一文强调威的作用有限，标举以宽仁为治，驳斥高启的观点，此文在编修《四库全书》时被附于高启《凫藻集》之前。见《景印文渊阁四库全书》，台湾商务印书馆，1986年，第1230册，第253页。

撰写时间必然早于 1363 年秋,那时张士诚至少在名义上还是元朝的官员。由此也可以看出,即使是在那个时候,张士诚军队的士气涣散与纪律崩溃已经到了非常严重的程度,而历史记载也证实了这一点。在 1356 年渡江进犯富饶的东南地区之前,张士诚显然是充满活力、积极果决的领导者。在成为苏州及周边地区的主宰之后,他愈发松懈怠政,也愈发忽略了直接统辖军队的问题。

　　起初,张士诚将主要权力下放给了胞弟张士德,张士德是一位有能力的战地指挥官、有远见的战略家。但在 1357 年朱元璋和南京的红巾军围攻常州时,张士德被俘,并死于狱中。此后,张士诚将主要权力下放给了另一位胞弟张士信,但他能力平平,对物质财富和感官享受却贪得无厌。在张士信的影响下,张士诚的军事部门沦为了一个庞大的抢劫机构。主要将领们纷纷效仿张士信,致力于聚敛资财、纵情声色。他们傲慢无礼,不遵调令,无所事事。前线的堡垒成了举办音乐会与宴会的场所,军官们与舞女、艺人们一起狂欢,士兵们则去掠夺当地的居民。众所周知,将军们用模糊的借口回避让他们进行征战的命令。张士诚成了软弱放任的领导者,不愿对属下施加惩罚。张士诚相信凭借现在掌握的巨大财富,他可以从下属那里购买到可靠的服务。距离张士诚最近的对手朱元璋位于上游的南京。朱元璋既没有充足的人口，也没有多余的财富可以利用，但他却有着纪律严明的部队和渴望战斗的将领。可以想见，对于关心军事战略和治政理念的高启及其友人而言，这两个政权之间的对比足以令他们感到问题的严重性。高启《威爱论》以恳切的态度，准确地反映了有识之士对于当前形势的担忧。我们可以相信，高启有时希望贤人能够带来有建设性的影响，但他有时则感到绝望，因为贤人的影响不足以解决迫在眉睫的事情。

由高启执笔的另一篇广为流传的正式论文也反映了当时的背景。对于一个国家而言，有四种臣僚是不可或缺的：①（一）"社稷之臣"是为王朝利益服务的忠诚官员，他们会使敌国不敢来犯；（二）"腹心之臣"是有鉴别力、有洞察力的官员，他们了解宇宙平衡的秘密源泉，从不迷失方向，知道应该采取何种适当的政策；（三）"谏诤之臣"是敢于指出统治者错误的官员，他们既不惧怕佞臣的愤怒，也不惧怕专制统治者的报复；（四）"执法之臣"是维护法律的官员，他们坚持正规的行政程序，不为特殊利益服务，不向任何压力低头，在

---

① 《四臣论》，见《凫藻集》卷一，第 2a—3b 页。

他们面前,豺狼和狐狸都会溜走。① 只有当统治者鼓励这四种臣僚为其服务时,国家才能强大。这段篇幅稍长的论文生动地分析了国家权力走向衰败和消亡的原因,其中自有讽谏规劝张士诚的用意。高启规谏道:"夫以匹夫之取友,尚有能死义者、能忠谋者、能责善者、能御侮者,而况于国君乎? 而况于天子乎?"

123

　　作为一个聪明人,高启关注的问题意味着他知道弊病所在,也知道自己有能力去匡正时弊。他的针砭之语不是中立旁观者的愤世嫉俗,而是切身参与者的条分缕析。这篇议论表明,高启对于其所批评的政权有着明确的利益认同。在早年尚且乐观的时候,他的希望源于他坚信自己的能力,以及他坚信自己提出的思想必定行之有效,因为这些思想是中国传统的治国理念,从根本上源自儒家经典。不过,我们最好将其视为儒家理想主义与为政现实主义的糅合,它在很大程度上根植于中华帝国一千多年以来的实践经验。高启的观点是基于对时代需求的明智分析,他相信自己有能力让所处的世界变得完美。尽管他的乐观主义被慢

---

① 译者注:《四臣论》原文作:"使豺狼狐狸屏息而不敢动"。"豺狼狐狸"典出《汉书·孙宝传》:"豺狼横道,不宜复问狐狸。"颜师古注云:"言不当释大而取小也。"此处的豺狼、狐狸分别喻指大奸与小恶。

慢侵蚀,但他并没有丧失这种信念,也没有动摇信念的根基——传统的政治智慧。不过高启逐渐意识到,张士诚政权中的人性缺陷比他和友人们所能纠正的还要严重。他的悲观主义与从前的乐观主义同样深刻。高启开始更多地接受《易经》中的消极智慧,韬光养晦,并将注意力转向其他事务。高启并没有在一夜之间切断与张士诚政权的所有联系,但是他愈发频繁地批判张士诚的失策,同时与政权中的故交联络得越来越少。他日益沉浸于自己的社交圈,尤其是跟他一样大多放弃了与张士诚政权有所往来的"北郭十友",逐渐趋向于明哲保身。

在 1362 年晚些时候,高启移居到了娄江边的乡村居舍。娄江是城东吴淞江以北的一段河道,距离青丘的岳父家和他在大树村的宅邸都很近。直到 1365 年,在这三年多的时间里,高启将娄江的隐居之所视为自己的家。这代表着他从城市中迁出,象征性地与以城市为中心的政治活动相隔绝。这是一个幻灭的英雄,被命运所挫败,他将思绪转移到乡村,寻觅那里的价值。高启将这些价值承载于诗歌中,诗歌记录了他不得不如此为之的悲伤心情,也记录了他在那里生活后逐渐获得的满足感。这首题为《移家江上别城东故居》的诗作一定是他在搬家时所写,"城东故居"可能是指

他在北郭的住所,也就是位于苏州城东北角的旧宅:

> 人情恋故乡,谁乐远为客。①
>
> 我行岂得已,实为丧乱迫。
>
> 凄凄顾丘陇,悄悄别亲戚。
>
> 不去畏忧虞,欲去念离隔。
>
> 虽有妻子从,我恨终不释。
>
> 出门未忍发,惆怅至日夕。②

高启的次女出生于这一年,全家也跟随他一同移居。然而,从家人那里得到的慰藉无法抵消高启被迫离开的伤感。

　　另一首同年所作的《迁娄江寓馆》则更倾向于对迁居的哲学反思。即使一个人在离开祖居的家生活几十年,那个住所还是可以被称为临时寓所("寓馆"):

> 寓形百年内,行止固无端。
>
> 我生甫三九,③东西宜未阑。

---

① "远"是一种诗意的表达,描述的仅仅是搬迁至数十里之外的乡村住宅。

② 《青丘诗集》卷六,第 16a 页。

③ 三九谓相乘为二十七岁,西式记岁则是二十六岁。

去年宅山陲，今年徙江干。

野性崇俭陋，经营唯苟完。

闲窗俯平畴，幽扉临远湍。

岂忘大厦居，弗称非所安。

披榛始来兹，霜露凄以寒。

谁云远亲爱，弟子相与欢。

室中有名酒，岁暮聊盘桓。①

这首诗中的许多语句都兼有字面义和引申义，其中一些句意并不明晰。高启提到了可能居住过的"大厦"，这意味着身居高位或许曾为他带来些许回报，但他不得不痛苦地放弃了这些回报，过起了乡居的俭朴生活。高启坚持认为自己拥有了满足感，不过他依旧"岁暮聊盘桓"。"岁暮"恰是人们回顾去年，思索在新的一年里可能会发生什么事情的时候。

在 1362 年迁居之后，高启将主要精力投入了诗歌创作。上一首诗中的"披榛"或许就是指高启为自己设定的任务，即翻阅自己积累的诗作，决定将哪些作品收入《娄江吟稿》。② 这部诗集并未刊行，当时大概是以抄本的形式流传。高启撰写的序文向世人解释了他为何

---

① 《青丘诗集》卷六，第 1a—b 页。
② 译者注：此处"披榛"一语，应指迁居不易。

在此时远离俗务，无所作为，只是潜心于写诗。序文中道出了个中原委：

> 天下无事时，士有豪迈奇崛之才，而无所用，往往放于山林草泽之间，与田夫野老沉酣歌呼以自快其意，莫有闻于世也。逮天下有事，则相与奋臂而起，勇者骋其力，智者效其谋，辩者行其说，莫不有以济事业而成功名；盖非向之田夫野老所能羁留而狎玩者，亦各因其时焉尔。
>
> 今天下崩离，征伐四出，可谓有事之时也。其决策于帷幄之中，扬武于军旅之间，奉命于疆场之外者，皆上之所需而有待乎智勇能辩之士也。使山林草泽或有其人，孰不愿出于其间，以应上之所需，而用己之所能，有肯槁项老死于布褐藜藿者哉？
>
> 余生是时，实无其才，虽欲自奋，譬如人无坚车良马，而欲适千里之涂，不亦难欤！故窃伏于娄江之滨，以自安其陋。时登高丘，望江水之东驰，百里而注之海，波涛之所汹欻，烟云之所杳霭，与夫草木之盛衰，鱼鸟之翔泳，凡可以感心而动目者，一发于诗；盖所以遣忧愤于两忘，置得丧于一笑者，初不计其工不工也。积而成帙，因名曰《娄

127

128

江吟稿》。若在衡门茅屋之下，酒熟豕肥，从田夫野老相饮而醉，拊缶而歌之，亦足以适其适矣！因序其篇端，以见余之自放于江湖者为无所能，非有能而不用也。①

这篇序文既是自我辩白，又是自我保护。高启从早先热切自信的状态中冷静下来，带着挫败退却后的悲凉之感。高启为自己秉持的新态度做出了虚伪且传统的解释。在这些年里，他当然没有对自己的能力失去信心，也没有对自己政治思想的正确性有所怀疑，但他愿意将自己形容为无才无能之辈，从而逃避未能向地方政权积极发挥作用的责任。在投身政治活动之前，二十二岁的高启自称"青丘子"，将自己包装成一个只对诗歌感兴趣的谪居之人，对世间俗务嗤之以鼻。仅仅四年之后，他结束游历回到家中，深入了解了当权者的状况，决定舍弃当权者能够给予自己的可观的世俗回报。但是，高启并没有再次表示出对这个世界的蔑视。他不再是只沉醉于诗歌的"谪仙人"，也不再是那个充满希望和自信的英雄；他不再寻找能够发挥其个人能力的事业。高启是一个幻想破灭的英雄，一个

---

① 《青丘诗集》原序，第 1a—b 页。

曾经可能成为政治家的人——他悲哀而艰难地得到了一个结论,即不应该为这个事业奉献自己的才能。高启退居于娄江边,并非沉醉于诗歌,而是在诗歌中寻求思想的慰藉。在自我封闭的孤立世界中,诗歌拥有最为恒久的价值。尽管有诗友,有美酒,还有一些能够带来快乐和满足的场合;但这些都不足以掩盖高启的挫败和痛苦,毕竟这个消极的世界已经将他彻底否定。

在这段时日里,高启的诗文活动颇为丰富。在他谢世二十余年后,外甥周立撰写了一篇序文,其中提到高启"隐居吴淞江上,闭户读书,混迹于耕夫钓叟之间",与友人、岳父以及妻子的五位兄弟多有往来,他们"日相亲好,酣畅歌咏,以适其趣"。[1] 高启的许多作品可以通过系年或诗题来确定写作时间,高启在这段时期的经历似乎也可以在其诗作中得以印证。通过这样的生活方式,高启努力让自己感到满足,但他显然没有忘记其他事情,正如以下这首所表现的:

> 借宅傍东圻,闲寻旧钓矶。
>
> 雨朝杨柳暗,风午稻花稀。
>
> 偶遁羞称隐,初来讳问归。

---

① 《青丘诗集》,周立序。

儒冠恐惊俗，学制野人衣。①

高启对于自己所作所为的矛盾态度在其他作品中也有所显现。从文本内部的证据来看，这首《见耕者》似乎也是这一时期的作品：

兹晨有佳兴，挈杖行远墟。

春犁稍已出，土脉向暖舒。

嘤嘤鸟啭谷，浏浏泉鸣渠。

岁功自兹始，为农亦良劬。

而我惰四体，偃息在敝庐。

饥匮固当尔，无为叹踟蹰。②

131 与达官显贵的生活相比，乡野生活的"饥匮"确乎是相对真实的。在这些年里，高启过着俭朴的村居生活，这应是其经济困窘之外的另一种压力；而当他沉浸在与友人饮酒赋诗、高谈纵论的欢畅中时，这种压力又往往被淡忘了。

就这样过了三年，直到 1365 年，高启回到了苏州

---

① 《郊墅杂赋》其二，见《青丘遗诗》，第 3a 页。
② 《青丘诗集》卷六，第 14b 页。

城北的旧居。在此前一年,日后的大明开国皇帝朱元璋歼灭了长江地区西线的敌人;这一年,朱元璋将他的军队转移到东线,全力对付张士诚。1365年夏天,这批来自南京的军队成功夺走了张士诚在江北的大片领土;而在苏州城内,人们对战事的担忧愈发迫切。毫无疑问,高启搬回到城墙的保护范围之内,正是出于自身安全的考量。1366年初,朱元璋麾下的主帅、那令人敬畏的大将军徐达对张士诚的主要据点直接发起攻击,南边的湖州和杭州很快落入了明朝军队的手中。

从六月开始,苏州城便受到了威胁;①在徐达的指挥下,苏州城外的包围圈一直在收紧。张士诚的防卫部队被吸引到城市周围,最后退入城墙之内。由于此前江北的一系列战败,以及这年十一月湖州六万军士、三名主要将领向徐达投降,苏州的防御实力已经大为削弱。徐达由南至北向苏州城推进,张士诚的部将们则陆续向徐达投降。十二月,苏州沦为孤城,被彻底围困。然而,张士诚及其残余部众还在负隅顽抗,他们突袭城外的军队以劫掠粮食,为寻求突围的机会而凶悍地战斗着。徐达没能想出攻克城池的办法,围城的局面一直僵持着。在苏州城内,形势每况愈下。"张士诚

*132*

---

① 　译者注:朱元璋命徐达率军全面进攻张士诚是在至正二十六年(1366)八月。

被困日久，城中食尽，一鼠售钱三百文，革履鞍鞯亦煮而充饥。"[①]最终，在 1367 年八月，由于局势无望，张士诚决定投降。[②] 幸存的苏州百姓又有了食物，然而他们面临着一个可怕的前景，那就是接受不久前自称"吴王"的红巾叛贼的统治，而这个人很快就会自称为新的大明王朝的开国之君。作为胜利者，朱元璋憎恨张士诚，因为张士诚是他最后一个对手，也是对抗其统治最久的人。朱元璋也憎恨那些帮助张士诚长期抵抗自己的吴人。苏州城的民众有充分的理由对未来可能发生的事情感到担忧。

自从 1365 年迁回城中，直到 1367 年九月张士诚政权垮台，在这段时间里，高启一直住在城内。回城之后，他与友人们的接触日益增多。"北郭十友"基本都居于城内，像高启一样被迫寻求城墙的庇护，不过最初，他们并没有直接感受到战事推进所带来的威胁。在张士诚政权逐渐瓦解的过程中，张士诚的领导方式也发生着变化。张士诚和他的兄弟、将领们被上流社

---

① 　译者注：原文出自黄暐《蓬窗类纪》卷一，"国初纪"。
② 　译者注：张士诚并未主动向朱元璋投降，直至九月苏州城破。据《太祖实录》卷二十五，"吴元年九月辛巳"条："大将军徐达克姑苏，执张士诚。……时士诚军大溃，诸将遂蚁附登城。城已破，士诚犹使其副枢刘毅收余兵，尚二三万，亲率之，战于万寿寺东街，复败。"

会的奢靡生活所腐化,愈发纵情享乐。无论几年前高
启及其友人对张士诚政权有着怎样的认同感,如今他
们都在疏远它,眼看着它逐渐衰落、灭亡——作为旁观
者、不情愿的受害者,而不是作为积极的参与者。因
此,他们尽可能地去享受彼此陪伴下饮酒闲谈、吟诗作
赋的时光。在 1365 年和 1366 年,他们还可以走出城
市,游赏附近的风景,去天平山上或太湖岸边的寺宇中
拜访名僧,或是短暂地前往他们的乡间别业。高启的
许多诗作都涉及这些活动,下面这首《约友出游》很可
能作于 1366 年春:

> 春愁无禁复多闲,欲出城西看好山。
>
> 为向高阳期酒伴,一樽来醉杏花间。①

另一首题为《呈北郭诸友》:

> 弱龄骛名都,颇亦愿高士。
>
> 愚情与时乖,动见尤悔至。
>
> 息驾旋旧庐,在途不复逝。
>
> 穷居岂无俦,同好得三四。

---

① 《青丘遗诗》,第 12a—b 页。

时来长松下，坐饮杂无次。

杯箸既交挥，谈谑亦稍恣。

虽云过坦率，终然无机事。

放浪林野间，吾志聊自肆。①

高启在此催促友人们尽情享乐，尽管这在平时是一种过于轻浮的态度；但是在混乱时期，更有意义的活动却是不被允许的。也有一些时候，挫败感带来的悲伤不可避免，无论是借酒遣怀还是友人相伴，都无法使之消散。从一首题为《念奴娇·自述》的词中可以看出这一点：

策勋万里，笑书生、骨相有谁曾许？壮志平生还自负，羞比纷纷儿女。酒发雄谈，剑增奇气，诗吐惊人语。风云无便，未容黄鹄轻举。　　何事匹马尘埃，东西南北，十载犹羁旅！只恐陈登容易笑，负却故园鸡黍。笛里关山，樽前日月，回首空凝伫。吾今未老，不须清泪如雨。②

---

① 《青丘遗诗》，第 1a 页。译者注：关于此诗的创作时间，陈建华系于高启移家江上之后，谓"旧庐"可能即娄江寓馆。见陈建华：《高启隐居青丘时间及事迹考辨》，载《帝制末与世纪末：中国文学文化论合》，上海教育出版社，2006 年，第 195—208 页。

② 《扣舷集》，第 1a 页。

这首非常私人化的作品中充斥着典故,有些典故是很难被翻译的。陈登是三国时期的军事人物,是英雄豪杰的象征,他不计自身得失("鸡黍"),献身于更宏大的理想。[1] 词的上阕提到了高启早年的英雄理想、漂泊的羁旅生涯,以及在张士诚麾下效力时的雄心壮志;下阕则说起如今幻想破灭,以及现在心中的怨怼与不甘。

笛声唤起的悲伤,暗示着游子的苦闷与孤寂,这是诗作中常见的主题。在另一首《闻笛》中,高启也书写及此事:

> 横吹才听泪已流,寒灯照雨宿江头。
>
> 凭君莫作关山曲,乱世人人易得愁。[2]

这首诗大致写于 1366 年至 1367 年间,诗中悲伤的基调更为浓烈。1366 年下半年后,随着战争的逼近,人们被困在苏州城里。当没有战斗的时候,他们或是在城墙上观望,或是清醒地在彼此的家中聚集,寻找着剩余

---

[1] 译者注:此处有过度阐释之嫌。按"元龙百尺楼"的典故,陈登笑许汜无救世之远志,一心求田问舍;而"鸡黍"则借指故人深厚的情谊。

[2] 《青丘诗集》卷十七,第 3b 页。

的消遣方式。毫无疑问，在这些日子里创作的诗歌包含着深刻的反思以及些许的悲伤。其中一首《雨中春望》，诗人注明是在围城期间所写的：

> 郡楼高望见江头，油壁行春事已休。
> 落尽棠梨寒食雨，只应啼鸟不知愁。①

"寒食"是春季的节日，在清明节之前。人们会在这一日外出踏青、祭祀扫墓，将对前人的追思与春日的欢愉相调和。历来此时，诗人们都会对雨作诗，寄托哀思；但在这一年的这个时节，高启的忧郁之情则显得非同寻常。

在高启现存的诗作中，没有一首详细地记述被围困数月的苦厄；仅有几首诗顺带提及了这一点。比如，一首诗里写下了邻居的孩子在饥饿中啼哭，②还有一首诗里提及了干戈之声回荡在城中。③ 在形势最为严峻的那几个月里，即便高启还写下了其他的作品，它们也

---

① 《青丘诗集》卷十七，第 6a 页。
② 译者注：此处提到的诗句出自《答余左司沈别驾元夕会饮城南之作时在围中》："邻屋时闻有啼饿。"见《青丘诗集》卷八，第 18b—19a 页。
③ 译者注：此处提到的诗句出自《兵后出郭》："城角犹悲奏。"见《青丘诗集》卷十二，第 6a 页。

没能被保留下来。在那艰难的数月中,最令高启难过的还是次女的夭折,当时她仅有五岁(按中国古时的纪年法则为六岁),在 1367 年春天或初夏的围城期间染疾而亡。① 次年春,看到花儿再次绽放,这使高启想起了已故的女儿,于是写下了这首《见花忆亡女书》:

> 中女我所怜,六岁自抱持。
>
> 怀中看哺果,膝上教诵诗。
>
> 晨起学姊妆,镜台强临窥。
>
> 稍知爱罗绮,家贫未能为。
>
> 嗟我久失意,雨雪走路歧。
>
> 暮归见欢迎,忧怀每成怡。
>
> 如何属疾朝,复值事变时。
>
> 闻惊遽沉殒,药饵不得施。
>
> 仓皇具薄棺,哭送向远陂。②
>
> 茫茫已难寻,恻恻犹苦悲。
>
> 却思去年春,花开旧园池。
>
> 牵我树下行,令我折好枝。

137

---

① 译者注:关于高启次女的病故时间,贾继用系于至正二十七年(1367)九月,谓《见花忆亡女书》中的"事变"即指苏州城破之事。见贾继用:《吴中四杰年谱》,第 120—121 页。

② 这应该是她夭折数月之后,也就是围城结束之后。

> 今年花复开，客居远江湄。
>
> 家全尔独殁，看花泪空垂。
>
> 一觞不自慰，夕幔风凄其。①

在高启的诗中，几乎没有作品直接提到朱元璋对张士诚的军事征服，也没有作品直接描绘他和家眷亲友在那几个月中的危险处境。不过，确有几首诗作记录了当时的复杂心情——他们在战后第一次离开城市，审视着战争对周边带来的变化，观察着逐渐恢复正常的社会状况。"极浦荒云一棹行，远投江馆驻宵程。客中得酒衔悲喜，乱后逢人说死生。"②

从 1368 年农历新年的第一天，③新的大明王朝宣告建立，并很快步入正轨，这让苏州百姓的一些忧虑成为了现实。徐达的军队确实纪律严明，降伏张士诚也没有伴随着抢劫或掠夺。但朱元璋立即命令自己的行政与军事官员取代了张士诚的僚属。隆平府再次改称为苏州府，由现在南京的中央机构直接管辖。吴地数

---

① 《青丘诗集》卷六，第 16a—b 页。

② 译者注：此处提到的诗句出自《宿张氏江馆》，见《青丘诗集》卷十五，第 7a 页。

③ 译者注：据《太祖实录》卷二十九，"洪武元年春正月乙亥"条："上祀天地于南郊，即皇帝位，定有天下之号，曰'大明'，建元'洪武'。"则明朝立国应在洪武元年（1368）正月初四日。

以千计的富家巨室以及昔日在张士诚麾下任职之人，都被放逐到淮河地区，让他们前往华北平原的边缘去体验痛苦的生活，了解那里的生活方式——这个贫困荒凉的地区正是明朝建立者朱元璋的故乡。[1] 与此同时，新的赋税被强加给吴地，以示惩戒。[2] 新朝廷的效率很高，组织很严密，执行力很强，所有这些都是张士诚的伪政权所不具备的。

如果客观地对比这些差异，高启肯定会赞同许多政治上的变化。很多变化与高启在五六年前为张士诚提出的建议相呼应，在当时，改革的希望还是存在的。但值得怀疑的是，高启是否会完全认可这些变化。在被放逐的数千人中，许多是他的友人；惩罚性税收影响了高启及其妻子的家族，以及所有的亲朋友邻。诚然，不少祥瑞之兆在此时现于南京，新君似乎急于摆脱自己出身红巾叛贼的背景。朱元璋在身边聚拢起一批名儒学士，他主张恢复汉唐的旧制礼俗，将尊奉传统儒家思想的治国理念昭告天下。朱元璋号召所有拥有学识和能力的人都来为这个充满活力的新王朝服务；在战

139

---

[1]　译者注：《太祖实录》卷二十六，"吴元年冬十月乙巳"条："徙苏州富民实濠州。"

[2]　译者注：有关苏松重赋的记载，可参见《明史·周忱传》："初，太祖平吴，尽籍其功臣子弟庄田入官，后恶富民豪并，坐罪没入田产，皆谓之官田，按其家租籍征之，故苏赋比他府独重。"

场上,他的军队迅速而顺利地将民众再次置于一个中央政府的控制之下。毫无疑问,天命已经转移,而顺承天命的正是明朝的洪武皇帝朱元璋。但也有迹象表明,朱元璋卑贱的身世使他对有才学之人总是怀有强烈的猜疑,而且严苛的洪武朝廷几乎没有温和的人文关怀。最明显的是,朱元璋对吴地的怨恨使得苏州百姓不敢立即拥护他的统治。

张士诚的政权结束了,但它还留在苏州百姓的记忆中。他的妻子和侍妾们在焚烧的阁楼上自我了断,没有落入明军手中受辱。① 许多将士都想奋战到底,却被其命令所阻,放弃了毫无意义的抗争,以免城中百姓遭受更多的苦难。张士诚本人也被擒获,他被捆绑起来,关在笼子里押往南京;他坚定地绝食且拒绝与俘虏他的人说话。② 张士诚的反抗进一步激怒了朱元璋,他希望能迫使张士诚服从,承认自己的新王朝。据说,吴地的许多百姓仍然忠于张士诚,他们把张士诚的两个

① 译者注:《太祖实录》卷二十五,"吴元年九月辛巳"条:"初,士诚见兵败,谓其妻刘氏曰:'我败,且死矣,若曹何为?'刘氏曰:'君勿忧,妾必不负君。'乃积薪齐云楼下,及城破,驱其群妾侍女登楼,趣其自尽,令养子辰保纵火焚之,遂自经死。"
② 译者注:《太祖实录》卷二十五,"吴元年九月己丑"条:"大将军徐达遣人送张士诚至建康,士诚在舟中闭目不食,至龙江,坚卧不肯起。昇至中书省,李善长问之,不语。"

小儿子藏匿起来,①以免被明军的细作俘获,并在暗中祭奠张士诚。朱元璋可以在吴地强行建立政权,但却无法摧毁萦绕在人们心中的那份忠于张士诚的感情。

朱元璋尝试了恫吓的手段。苏州的百姓不断收到来自南京的诏谕,宣敕着朝廷对被俘的官员作出的惩罚,这其中自然不乏高启的密友。蔡彦文是高启在张士诚政权中的文友,另外两位文人曾担任张士信的主要顾问;②放荡不羁的张士信是张士诚的弟弟,伪朝廷的丞相。他们三人被定罪,为叛乱政权的松懈和腐败负责。朱元璋听闻了指斥他们无能、预言他们垮台的歌谣;还特意将他们愚蠢的、书生气十足的做法与自己的勤政进行了对比。③ 他命令将这三人带到南京。其中一人被勒死,蔡彦文和另一个人被斩首;他们的尸体被公开展示了一个月,用以警告民众。④ 甚至连年迈的

---

① 译者注:《太祖实录》卷二十五,"吴元年九月己丑"条:"士诚有二子,皆幼。城将破时,其妻刘氏以白金遗乳媪,令负二子逃民间,不知所终。"

② 译者注:指黄敬夫和叶德新。

③ 译者注:《太祖实录》,卷二十五,"吴元年九月己丑"条:"初,士诚用事者黄参军、蔡参军、叶参军辈,迂阔书生,不知大计。吴中童谣云:'黄蔡叶,作齿颊,一夜西风来,干厌!'至是卒败,果如童谣云。"

④ 译者注:《吴王张士诚载记》卷三《黄敬夫叶德新蔡彦文传》:"厥后三人被俘至金陵。敬夫缢死,德新、彦文诛死于台城,风其尸于秤刑者一月。"

饶介——那个用来装点张士诚政权的文学巨匠——也被作为战犯押送南京处决。高启写下了一首感人的诗作，哀悼饶介的离世，[①]当时其他许多诗人亦是如此。身为一代名士，饶介获得了真正的尊重，然而命运却不允许他施展才能。朱元璋认为有必要铲除像饶介这样的人，这也会让高启感到不安。高启与蔡彦文、饶介的关系如何？那些曾在短暂的张士诚伪朝廷中任职的人，高启那个文学圈子里的同伴们又该如何？少数人逃离了，抛弃了家庭和财产，改头换面，更易姓名。高启的一些友人以及与他身份类似的文人都被列入了流放的名单，毫无疑问，他们非常惧怕会被单独拎出，接受进一步的惩罚。高启并不在流徙之列，但是他的兄长曾是戍守江北的小吏，现在似乎已经音讯全无。高启没有尝试逃离，他继续安静地生活在苏州，或许心中也满怀忧虑。

此时，高启收到了兄长很早以前便寄出的一封信，得知兄长已经被贬往淮河地区的寿州。他在一首诗中感叹道："长淮波浪应愁渡，故国江山只梦游。"[②]杨基和其他友人时在谪中，也写下了悲伤的诗句寄予高启；在和诗里，高启回忆起早前的欢乐时光，当时他们在苏州城内饶介的名园中雅集赏乐：

① 《哭临川公》，见《青丘诗集》卷十二，第5b页。
② 《闻家兄谪寿州》，见《青丘诗集》卷十四，第18b页。

花落名园罢醉游，故人无复旧风流。

异乡莫叹无歌听，若使闻歌意更愁。①

在明朝刚刚建立的那段时间里，苏州城内的名园里并没有音乐与宴饮。独自留在苏州的高启或许也会像兄长和流亡的友人一样，对未来感到惶恐不安。

围城结束后不久，高启便离开了苏州城，回到了娄江边上的故居，全心投入于诗歌创作。他再次整理了自己积存的诗稿，从中遴选佳作，且必定会做一些修改；他准备刊行一部新的诗集，不过那些涉及政治事件的作品还是弃置为好。高启将这部诗集命名为《缶鸣集》，他在自序中提到，集中收录了 1358 年至 1367 年间的 732 首诗作。这部诗集的命名其实颇为怪异。表面上看，它似乎是指乡间风俗，即敲打土罐来保持吟唱歌曲的节奏。在序文中，高启说自己的作品不过是普通诗人的率真之作，只想表达自己朴素的想法，并不懂得如何修饰优雅的句子。② 或许这一解释确实是高启的本意，但他的友人和后世的作者们都认为这一集名

①　《和杨余诸君在谪中忆往年西园听歌》，见《青丘诗集》卷十七，第 15a 页。

②　译者注：《缶鸣集序》："虽未工，未敢与昔之名家者比，然自得之乐，虽善辩者未能知其有异否也。"见《凫藻集》卷三，第 12b—13a 页。

仍有待进一步解读。关于敲打土罐的表述，最早出自
《易经》的第三十卦"离"卦，高启为新诗集所取的名称
让那些博学的友人们自然而然地联想到这一出处。而
这段话中提到的不确定性有什么特别的含义吗？以下
是"离"卦"九三"的爻辞：

> 日昃之离，不鼓缶而歌，则大耋之嗟，凶。①

143　　或许，"日昃之离"暗示的是"西边的红色光芒"，也就是
在苏州西边孕育出新政权的南京红巾叛军。又或许，
仅从字面上看，这段爻辞意在说明，随着时间的流逝，
人们意识到生命的短暂，或是享受简单的快乐，或是无
谓地哀叹命运。这段爻辞所附着的传统意义提供了许
多潜在的影射，高启可能认为这与自己当前的状况有
所关联，不过他并没有明确地指出这一点。

　　从"事后诸葛亮"的角度来看，这篇序文同时也在
强调，包括高启在内的许多诗人是如此沉迷于用诗歌
表达自己，"虽以之取祸，身罹困逐而不忍废"。在很多
人看来，这似乎预示着高启自身的悲惨命运。

----

① 《易经》引文的翻译来自卫礼贤、卫德明、贝恩斯的《易经》翻译
本，见《易经》，第 1 册，第 128 页；关于卦象的讨论及传统的阐
释，见《易经》，第 1 册，第 126—129 页；第 2 册，第 178—182 页。

1367 年底,高启完成了诗集的编选工作。此后,他继续住在娄江边的乡间,直到 1368 年,即新政权的洪武元年。他一直在观察新的王朝如何以强大的执行能力改变着这个国家,当高启无法确定这个时代到底有何意义时,他便在诗歌中反映出忧郁的沉思。在 1367 年深秋,高启写下了七首诗作,题为《秋日江居写怀》,这组诗清楚地表达了这种情绪。① 每首诗中都有"愁""忧""恨"之类的字眼。第一首诗的最后一句似乎与第三十卦"离"卦相呼应,哀叹衰年过早地到来,②尽管当时诗人只有三十二岁。第五首诗中则有句云:"当时亦有求名意,自喜年来渐已除。"组诗中的第四首或许最能清晰地概括高启在这一年深秋的感受:

> 风尘零落旧衣冠,独客江边自少欢。
>
> 门巷有人催税到,邻家无处借书看。
>
> 野虫催响天将夕,篱豆垂花雨稍寒。
>
> 终卧此乡应不憾,只忧飘泊尚难安。③

144

---

① 《青丘诗集》卷十五,第 15a—16a 页。译者注:此诗应作于洪武元年 (1368) 闰七月。按诗中称"岁闰迟",至正二十七年 (1367) 未有闰月。见贾继用:《吴中四杰年谱》,第 143 页。

② 译者注:《秋日江居写怀》(其一):"愁多萧飒恐先衰。"呼应的是离卦九三爻辞。

③ 《青丘诗集》卷十五,第 15b 页。

执着的收税者,就像是晚间昆虫的鸣声,无处不在且源源不绝——诗中重复使用的"催"字不可避免地带来了这样的对比。江水依然翻涌,知交逐渐凋零,所有这些都象征着新王朝的威慑之力。面对这种力量,高启无所适从,但他至少还能在诗歌中寻得一丝慰藉。

# 第六章
# 南京，洪武二年至三年

如果我们习惯性地认为，与自身所处的这个忙乱世纪的历史相比，古代历史是相当稳定且发展迟缓的，那么高启的生平则会为我们打破这种成见。高启十九岁时，当时已经急速衰败的正统朝廷彻底丧失了对于吴地的掌控，取而代之的是相互竞争的叛乱者。在此后的十二年中，中原地区统治者的政治命运几乎无法预测，而像苏州这种大城市里的百姓则永远无法确定，何种命运将会降临在他们身上。高启的态度展现出了令人困惑的变化——从介入到疏离——这使得我们能够通过他的视角来观察当时历史的动态特征，足以与我们这个时代的任何过渡时期进行比较。

1367 年夏末，张士诚被西方的敌人消灭，此时的高启还没有立刻意识到,这将是中国历史上又一较长时段稳定期的开端。这并不奇怪,历史的后见之明总使我们将明朝的建立看作是社会秩序逐渐恢复的必然结果:统一强大的中央集权,重新确立的主导力量和主流趋势,社会固化的起始。这些造成了十九世纪欧洲人的误解,他们认为中国社会拥有看似"恒定"的品质。

在 1367 年秋天,面对年复一年不确定的生活,三十一岁的高启感到迷茫,却也准备继续这样生活下去。他收到了流亡中的内兄寄来的一首诗,诗中抱怨道,尽管中秋佳节月色堪赏,自己却是在孤独寂寞中度过(在苏州城沦陷后仅一个月左右)。高启在江边的隐居之所写了一首长诗作为回应,诉说自己与流亡中的内兄一样,都有着巨大的忧虑与烦恼。高启谈到了那些不可预测的事件在快速地变化着。两年前,他们还在岳父园中的家宴上欢饮赏月。一年前,他们都在被围困的城市里,等待着凶悍的抓捕者,"何异孤豚落深阱"。这一年,他们逃脱"深阱",但情况似乎并没有好转,"今年旅寓向江渚,暂喜东南乱初定。"高启依然感到孤独,感到自己受迫于贫穷生活所带来的不安。此外,高启只与牧人和老农相往来,而这些人并不甚了解他的价值,也不知晓他那理想生活方式中最精华的部分已然消逝了。"久居村野坐自鄙,销尽豪怀与狂兴。风尘无复旧时颜,愧见相逢问名姓。朋友凋零江海空,弟兄离隔关山迥。"①诗中进一步描述了这转瞬即逝的悲哀。

但一年之后,高启的生活开启了新的篇章。这一年里,他的世界一定发生了巨变,呈现出明确与稳定的面向。在新王朝的元年,明军以令人难以置信的速度向各个方向扩张。蒙古人被赶出了大都,即现在的北京;同时,广州等岭南地区也被征服;长江上游和西北地区同样受到攻击,并且没有出现过于强大的敌对势力。南京显然已经成为帝国宏伟的新都城,皇帝正在那里全面规划并统筹实施着帝国的大一统伟业。张士诚的伪朝显然不能与之相比。新王朝的崛起令人生畏,然而高启对这一新政权并不了解,在其中也没有熟识之人。遭受报复的恐惧笼罩在他头上,这无疑加剧了他对新王朝事业的敬畏感。但是对他而言,无论是好是坏,这个混乱的世界终是凝定了下来,未来的轮廓变得清晰可辨——尽管这还不是属于高启的未来,但这至少是这个世界的未来;身处其中,他必须为自己的命运而努力。

到了 1368 年冬天,高启的命运中似乎孕育着伟大

---

① 《次韵周谊秀才对月见寄》,见《青丘诗集》卷八,第 22a—b 页。译者注:诗中云"去年围中在北郭",则此诗或应作于洪武元年(1368)秋,而非至正二十七年(1367)。

的希望。这一定是出乎高启意料的！南京的复仇之手并没有落在高启头上，取而代之的是荣誉的召唤，对于他文学天才的认可，以及在仕途上平步青云的承诺——在中国文化里，入仕为官是最好的职业选择。这一年的夏天或秋天，一定有人间接对高启做出过试探和询问。从官方记录中只能看到，是年夏末，蒙古大都陷落，元朝的官方文书档案被悉数收缴。① 朱元璋下令将其封存后运往南京，由朝廷官员一一开封查验。他们将为新王朝执行一项义不容辞的重要任务——为前朝纂修国史。朱元璋对于此事的处理显得异常急切。洪武元年十二月即诏令开馆；次年农历二月（1369年3月），史官便已征募完毕，并被召至京城，开始修史。高启就是为这项任务而征募的十六名史官之一。② 大约在洪武元年十二月，他便应允这一任命，因为新年伊始他就启程前往了明朝的都城，成为新政权

---

① 译者注：《太祖实录》卷三十四，"洪武元年八月庚午"条："庚午，大将军徐达……进师取元都。师至齐化门，命将士填壕，登城而入，达登齐化门楼。……封其府库及图籍宝物等，又封故宫殿门。"

② 译者注：《太祖实录》卷三十九，"洪武二年二月丙寅"条："丙寅朔，诏修元史。……乃诏中书左丞相宣国公李善长为监修，前起居注宋濂、漳州府通判王祎为总裁，征山林遗逸之士汪克宽、胡翰、宋禧、陶凯、陈基、赵埙、曾鲁、高启、赵汸、张文海、徐尊生、黄篪、傅恕、王锜、傅著、谢徽十六人同为纂修。开局于天界寺，取元《经世大典》诸书，以资参考。"

的高级官员。然而在两三年之前，这一政权看起来还不过是西边颇具威胁的一群叛贼而已。

奉命监修《元史》之人是李善长，他是朱元璋最早的追随者，也是新王朝的最高文官之一。不过，他只是这项工作名义上的负责人，实际主持修史的是宋濂（1310—1381）与王祎（1321—1372），他们曾出仕蒙古政权，不久前才投效明朝。二人皆是著名的文学家和诗人，都来自东南地区，比高启年长一辈；但从各方面来看，他们与高启都是同类人。入选元史馆的大多数士人才学兼备，此前尚不曾为明朝效忠，高启必定会将他们视为志同道合的伙伴。本质上讲，对于这批特别遴选出来的士人而言，进入元史馆显然是通往高级行政职位的捷径。朱元璋极度缺乏值得信赖的合格官员，因而无法为迅速扩张的朝廷机构配备僚属。承担文学与学术之责的元史馆则为朝廷提供了一个契机。这是一次庄严而荣耀的考察，考察的对象是那些在正常情况下本应轻易通过科举考试的士人；被征选的他们得到了一次迟来的机会，通过这项光荣的史职来证明自己的价值。心怀抱负的人可以借此弥补在元末黯淡时局下被荒废的岁月，毕竟当时正常的晋升渠道并未开放。入选元史馆意味着可以在朝廷任职，得到皇帝本人的赏识，与达官显宦们结交往来，在晋升的仕途

*149*

中站稳脚跟；而不是从最底层做起，与那些年纪尚轻、资质逊色的初学者相竞争。

这次机遇对高启有着巨大的吸引力，他可以借此立即享获社会的尊重与声誉，摆脱紧迫的经济压力，得到帮助家人与朋友的机会，一展自己压抑已久的雄心壮志。可以想见，1367年秋天高启写给内兄的诗中所表达的悲观情绪，如今已经被谨慎的希望所取代；他不再妄自菲薄，年轻的面庞重新焕发出了光芒。高启可以放弃他那与牧人、农夫为伍的沉寂生活，穿戴好儒冠和长袍，再次体会到与其他士人伙伴社交的兴奋感。妻子的家族会以他为荣，友人们也会歆羡不已。高启甚至可能会成为新一代的功臣而名垂青史。直到此刻还困扰着高启的霉运，突然间得以扭转，这一定让高启感到头晕目眩。这个机遇真的是没有任何坏处的吗？"否"与"蛊"的卦象是不是已经起变化了——用《易经》的表述就是"先否后喜"？伟大的新事业显然给人们带来了意想不到的机遇，命运也正在朝着好的方向发展。高启的命运是否会与新的机遇联系在一起，从而摆脱在明朝接管吴地时，人们那种惶恐不安的心理状态？至少在这一刻，高启一定会允许自己抱持着谨慎的乐观态度，因为他准备在1369年的新年节庆之后立即赶往南京。

高启急于赶路的情形显而易见。他于正月初十离开家，当时新春假期还未完全结束；高启在那日所写的《被召将赴京师留别亲友》一诗里，结句作："只愁使者频催发，不尽江头话别情。"①朝廷派来的信使奉命敦促高启立即启程，而这次离开家乡时，他并不觉得悲伤，也不觉得勉强。在一首留别妻子的诗里，他突然采用了一种奇怪的公事化的口吻，宛如仕宦之人在公开场合的讲话。这首诗蕴含了标准的文学典故，在隐喻层面契合了高启当时的状况；但就字面而言则并非如此。比如第一句中提到的行前准备马车，现实情况则是乘舟而行。如今，高启正在扮演着长期以来被理想化了的角色，他的文化传统为他提供了所有的先例。他现在的言行就是一个大官的言行。不过，高启并没有放弃自己诗人的身份，这首向妻子告别的诗里也不乏亲密而温柔的诗句：

### 召修元史将赴京师别内

承诏趣严驾，晨当赴京师。

佳征岂不荣，独念与子辞。

子自归我家，贫乏久共之。

---

① 《青丘诗集》卷十五，第 18a 页。

151

> 闺门蔼情欢，宠德不以姿。
>
> 天寒室悬罄，何忍远去兹。
>
> 王明待绅文，不暇顾我私。
>
> 匆匆愧子勤，为我烹伏雌。
>
> 携幼送我泣，问我旋轸时。
>
> 行路亦已遥，浮云蔽川坻。
>
> 宴安圣所戒，胡为守蓬茨。
>
> 我志愿裨国，有遂幸在斯。
>
> 加餐待后晤，勿作悄悄思。①

诗中所用典故大多是陈词滥调，翻译时就略去了。尽管如此，这首诗还是流露出对妻子真实的温暖与关心，同时也寄寓着对这段旅程与未知前途的期许。在高启前往南京的这五六天的旅程中，情感的混杂在他所写下的诗作中是很明显的。

高启从城西的阊门出发，直抵大运河的码头。第一天，他的航船似乎没有走出多远，在离城约十里的枫桥处停泊了一夜。在苏州城外的枫桥度过寒夜，听着从远处寒山寺传来的钟声，这正是唐人张继的名作中

152

---

① 《青丘诗集》卷七，第 2b 页。

描绘的场面。① 高启不禁写下了两首绝句《将赴金陵始出阊门夜泊》，借用了张继诗中的一些词汇，②并将其转化为自己的句子：

### 其 一

乌啼霜月夜寥寥，回首离城尚未遥。

正是思家起头夜，远钟孤棹宿枫桥。

### 其 二

烟月笼沙客未眠，歌声灯火酒家前。

如何才出阊门宿，已似秦淮夜泊船。③

这两首诗完美地反映了高启在 1369 年二月(农历新年的正月)前往南京时的两种思绪。第一首带有一种孤独的旅者离家远行时的忧郁气息，而第二首则是对江畔歌舞欢筵的回应，暗示着高启已然联想到著名的南京秦淮河畔的游船——这些游船也是因为出现于唐诗

153

① 戴维森：《中国文学英法德文译本总目》，第二卷"诗歌"(1957 年出版)，第 269 页。书中列举了这首诗的十余种翻译。
② 译者注：第一首化用了张继的《枫桥夜泊》，第二首则是化用了杜牧的《泊秦淮》。
③ 《青丘诗集》卷十七，第 11a—b 页。

中而闻名。这两首诗对于前作的化用几乎明显到无法视而不见；但高启成功地使它们更富有意义，并且形成了紧密的关联。

或许是在旅途的第二天，高启遇见了一位来自苏州的朋友，他与高启的行进方向正好相反，是从都城南京前往苏州。在短诗《赴京道中逢还乡友》里，高启记录了这次会面：

> 我去君却归，相逢立途次。
>
> 欲寄故乡言，先询上京事。①

高启把对家乡的思念推到了次要位置，而是先询问了京师和新朝廷的状况；这是对前路怀有热切的期盼，还是仍对未来感到不确定？或许，这两种思绪兼而有之。

1379 年编修的《苏州府志》中记载，②从苏州到南京的水路分为七程，共计五百八十八里。高启沿途的诗作没有标明准确的日期，也未作排序，甚至诗中也没有明确地反映出时间的流逝，只是知道他在正月初十与送

---

① 《青丘诗集》卷十六，第 14a 页。
② 卢熊：《(洪武)苏州府志》卷一，第 11a 页，国家图书馆藏古籍微缩胶卷。这部地方志是了解明朝初年长江下游地区各方面生活情况的宝贵资料。

行的朋友告别,并于正月十六日抵达南京。此外,还可 *155*
以找到他在途中停留的一些地点。第二晚,高启可能停
泊在距离苏州城百里的无锡,一首诗题为《宿无锡城下》:

> 暂泊长濠古柳间,鸡声未肯报开关。
>
> 危谯近处寒闻漏,远烧明时夜见山。
>
> 城垒尚遗争战迹,道途无复往来艰。
>
> 孤舟自愧看灯坐,不及居人梦寐闲。①

再行九十里便是常州,高启的第三晚很可能在此度过。
他以古称"毗陵"称呼此地,写下了《夜泊毗陵道中遇雨
二首》。同样是在夜间的航船上,他思及送行宴会上的
温酒与明灯,不由得"拥衾不寐听风雨"。② 这必定是相
当孤独寂寞的一夜。下一晚是在丹阳,他期待着一个
更加欢愉的夜晚:

> 沽酒来寻水驿门,邻船灯火语黄昏。 *156*
>
> 今朝始觉离乡远,身在丹阳郭外村。③

---

① 《青丘遗诗》,第 5a 页。
② 《青丘诗集》卷十八,第 25b 页。译者注:此二诗系年存疑。按
诗中云"醉看儿女笑灯前",高启得子祖授时,已晚至洪武六年
(1373)二月二日。且两首诗中思忆家人,并未提及送别的宴会。
③ 《舟次丹阳驿》,见《青丘诗集》卷十七,第 11b 页。

再下一晚，高启停留于镇江，住在著名而古老的甘露寺。旅程将他带到了大运河与长江的交汇处，他似乎在此下船，经陆路前往南京，而不是继续从长江溯流而上。这一夜，高启在历史悠久的古寺中寻觅到更舒适的住处，写下的诗作中充满了典故。清朗的夜晚星光灿烂，他在古刹的中庭徘徊，"闲坐话前朝"。①

第六天晚上，高启显然被迫留宿在镇江与南京之间的某个小村庄里，没有找到合适的住处。在这两天的陆路行程中，他写下了两首诗作，以同情的口吻谈到了赶车人艰难的遭遇，他们在崎岖不平的道路上推车前行。高启敏锐地感受到行旅的艰辛，写道："思当在家时，日晏始舒足。胡为此行迈，霜露劳局促。王事靡敢辞，非关徇微禄。"②次日途经句容后，③他终于在正月十六日下午进入都城。虽然迟了一日，但他还是立即出门去看花灯。正月十五是元宵佳节，在南方的大城市里，人们会在这一晚举着设计精湛、造型奇特、色

157

---

① 《甘露寺》，见《青丘诗集》卷十二，第 12b—13a 页。译者注：作者下文中所引《早发土桥》，土桥镇在应天府上元县东南，与句容接界。按丹阳、句容二县俱在镇江以南，依照正常往来南京的行迹路线，似不应北上镇江再折返句容。高启进京时或许是在丹阳由水路转陆路，途经句容，自南边进入南京。赴京途中是否经过镇江，尚且存疑。

② 《早发土桥》，见《青丘诗集》卷七，第 2b—3a 页。

③ 《登句容僧伽塔望茅山》，见《青丘诗集》卷七，第 6b—7a 页。

彩斑斓的花灯游街。在十六日及之后的几晚，依然可以观赏到这些花灯。高启写道："莫笑游人来较晚，春风还似昨宵多。"①高启搬入了天界寺，这是都城内规模最大、最为宏伟的佛教寺院。这座寺庙的一部分空间被临时划归给了元史馆，在城中没有住所的元史馆僚属也被安置于此。高启在这里寄住了一年。

天界寺始建于十四世纪 20 年代，原本是蒙古亲王的宫殿，这位亲王于 1330 年登基为文宗皇帝。新皇帝登基后，他下令将南京（时称"建康"或"金陵"）更名为"集庆"。他曾在这座宫殿中度过了非常不安稳的十年，生活和命运一直处于不定之中；此后，他的藩邸被改名为"龙翔集庆寺"，意在纪念皇帝曾龙潜于此，最终登临帝位。工部尚书奉命监督扩建这座已经极尽辉煌的宫殿，增设更多的建筑，"材自内出，不涉经费"。② 寺庙位于城市的中央，在忙碌的交通和拥挤的人群中，它像是都城里一座相对安静的岛屿。1356 年，朱元璋的

①　《正月十六日夜至京师观灯》，见《青丘诗集》卷十七，第 11b 页。
②　虞集：《龙翔集庆寺碑》，见葛寅亮：《金陵梵刹志》卷十六，第 3a—6b 页。然而这部宝贵的南京寺庙史中所描绘的龙翔寺，是十四世纪末在城外重建的那座著名的庙宇。译者注：作者注释中提及的"龙翔"，实为洪武二十一年（1388）寺灾后徙于城南凤山的"天界寺"，同见于《金陵梵刹志》卷十六。而虞集碑文里所言的"龙翔集庆寺"，则正是元文宗即位后在原来宫殿的基础上修缮的庙宇。

军队占领南京(集庆)时，这是城市中最辉煌的一处建筑群，但朱元璋并没有将其据为己用。这个寺庙是佛教修习的中心，一些有名望的高僧居住在此，而昔日朱元璋自己也曾在一座佛寺里当过几年小沙弥，因而对这个地方很是尊重。也许是为了抹去与元朝国运的关联，朱元璋敕令将这座寺庙改名为天界寺，偶尔会来此与一些学识渊博、佛法精严的僧人交谈。他还曾为寺庙捐助善款，赐予几百亩"香火地"，免征赋税，并允其享有一些其他的特权。

关于在天界寺的生活，以及编修《元史》的工作，高启并没有留下太多记录。高启与元史馆的宋濂、王祎等人过从甚密；从他的诗作以及南京友人们的诗集中都可以看出，在南京生活的这两年里，他们之间的友谊拥有持久的意义。通过与这些人结交往来，高启的思想境界得到了深化、拓展与极大的刺激。尽管这些人大多是他的前辈，但他们都很尊重、敬佩高启。在这一时期，应酬诗的数量很多，这些诗歌是根据某些社交场合的礼节要求而写的：或是纪念朋友聚会、庆祝某些活动，更常见的则是为远行的友人饯别，以及为前往地方赴任的友人送行。从这些诗歌中，我们可以看到高启的社交状况与日常活动。不过，他很少提到在天界寺的生活。有些诗里写到他登上钟楼，眺望都城内宫

殿与民宅的屋顶;①有些诗则提到了寺庙中的气氛和活 159
动,譬如"香凝佛界幽","万屦随钟集,千灯入镜流。禅
居容旅迹,不觉久淹留"。②

　　寺庙的安逸环境可以让高启偶尔逃避久滞京城的
感觉,不过这样的情形也变得越来越少。在抵达南京
之后写下的绝大部分诗作里,他对比了身处两地的生
活。相较于苏州而言,他在南京过得似乎并不如意。
那些更偏向于自我省思的诗作传达了他的些许烦躁与
不满。早在1369年三月的清明节,此时人们都要回家
扫墓,高启为元史馆的同僚们写下了一首《清明呈馆中
诸公》,其中有这样几句:"清明无客不思家","喜得故
人同待诏,拟沽春酒醉京华"。③ 在这首诗里,高启对于
家乡的思念似乎并没有化作太过浓烈的悲伤。同年春
天,他写下了《夜闻雨声忆故园花》:

> 帝城春雨送春残,雨夜愁听客枕寒。
> 莫入乡园使花落,一枝留待我归看。④ 160

---

① 《登天界寺钟楼望京城》,见《青丘诗集》卷十五,第11b页。《雨
　中登天界西阁》,见《青丘诗集》卷十七,第12a页。
② 《寓天界寺》,见《青丘诗集》卷十二,第7a—b页。
③ 《青丘诗集》卷十四,第9a—b页。
④ 《青丘诗集》卷十七,第11b页。

在这首诗里，羁旅之人是哀伤的。不久之后，他更加具体地对比了南京和家乡的生活，在另一首题为《夜坐天界西轩》的诗里写道：

> 明月出东阁，照我坐前轩。
>
> 诸僧夜已定，寂寞与谁言？
>
> 烟幔萤微度，风条蝉罢喧。
>
> 清景虽堪悦，终嗟非故园。①

当在京师吃到"新粳粲如玉，远漕来中吴"时，②他想到的是自己在乡间的田产，并且将昔年的俭朴生活进行了理想化的表述。当亲友将苏州的新酿寄来南京时，他感到"酒内情多易醉人"，因为故乡的酒酿搅动着旅人内心深处的思绪。③ 当妻子有诗寄来时，他的回复则充满了思乡的情绪："风从故乡来，吹诗达京县。读之见君心，宁徒见君面。"高启继续向妻子保证，京城的辉煌并没有转移他对她的思念："白马系春风，离愁坐将老。"④年复一年，他的诗歌越来越伤感。

161

---

① 《青丘诗集》卷七，第4b页。

② 《京师尝吴粳》，见《青丘诗集》卷七，第4b—5a页。

③ 《吴中亲旧远寄新酒二首》，见《青丘诗集》卷十七，第12a—b页。

④ 《答内寄》，见《青丘诗集》卷七，第5a—b页。

毫无疑问,高启的负面情绪中很大一部分是思乡之情。不过另一种可能是,元史馆的工作并没有让他感到振奋,严格的仕宦生活意外地使他感到厌倦。如果高启能够对自己的新身份充满信心,对自己在朱元璋朝中任职的未来感到乐观,那么这些事实可能也就不那么重要了。然而,他的兄长和故交仍然流亡在外,针对吴地的严厉政策也刚刚开始实施。此外,皇帝也逐渐表露出愤怒莫测、暴虐残酷的迹象,他终将成为中国历史上最凶悍的暴君。他的愤怒和暴虐似乎往往加诸高启这样的文臣身上,尤其是那些身份背景可疑、与自己昔日的敌手又有所牵涉的人。不过这也未必,因为即便是刘基——皇帝诸多顾问中最杰出的人物,也是对王朝建立做出过最大政治贡献的人——也引起了皇帝的猜忌,并且在前一年被遣送回了浙江老家。刘基看似是因为夫人去世而被允许回家的,但朝廷里人人都知道他已经激怒了皇帝。① 几个月后,刘基被召回,但由于他诚实而认真地表达意见,与皇帝之间形成了一道鸿沟。皇帝既亏欠他,又依赖他。

其他官员被降职和惩罚的频率很高,有些人因为看似轻微的违规行为而被处以死刑。到了 1370 年,苏

162

① 夏燮:《明通鉴》卷一,第 30a 页。

州已经迎送了四位由明朝任命的知府，他们每个人的任期都很短，或被降级或被放逐。尽管人员严重短缺，朝廷也一再尝试招募更多的士人入朝为官，人们还是开始感受到了怀疑与恐怖的氛围。皇帝暴怒的"壮观"场面还没有开始出现——这些场面往往会导致成百上千的人被判处死刑——但由于皇帝阴晴不定的性格却已经初步显现，这无疑使人们在私下纷纷议论入仕的不确定性。高启定然已对仕途心生气馁，并且开始怀疑这是否真的是他十年前所期待的事业。①

此外，编修《元史》本身似乎也不是一项令人满意的工作。这部史书是赶工完成的，没有付出足够的时间，没有进行充分的思考，史料被粗心地堆在一起。蒙古朝廷档案中包括了十三朝《实录》，但缺少最后一朝的记录，而最后一朝几乎长达三十年的时间。这些记录并不完整，编纂者也没有进行过充分的准备工作，然而除此之外也几乎没有其他可用的史料了。在七个月的时间里，史官们以某种方式用不充分的材料编修出了一部断代史，它作为最糟糕的断代史而臭名昭著：

---

① 《太祖实录》显示，在国初的两三年里，朝中职官的不稳定性极高。虽然没有说明原因，也没有提到惩处详情，但在内阁层级的职位上，人员的更替非常迅速。一年之内，一个主要职位上有五到六人交替任职的情况非常普遍。

史实有阙，考订未确，编纂不精。皇帝对史官们的指示是要阐明元朝兴衰的原因，"国可灭，而史不当灭"。[①] 在修史之际，昔日的旧主元顺帝已经统治了二十五年以上，并且依然在世，名义上仍是中国的合法统治者。[②] 史官们是在为新的王朝编修前朝史书，而他们中的大多数人也一定已经察觉到新皇帝圣心难测，他们不知应如何评定这部正在纂修中的大元历史。不出所料，他们省略了传统史书传记末尾的"论""赞"部分，[③] 因为史官们往往需要在这两部分提出前后贯通的史观以及对于书写对象的价值评判。《元史》中并不存在这样的史观，而且修史的时间距离书写对象太过接近，也没能传达出明确的倾向性，因此无法进行价值评判。不知大明朝廷为何坚持以这种不太得体的方式匆忙地执行了编修《元史》的任务，或许是出于当时朝政的巨大压力。在这一年里，明朝继续征服整个中国地区，

163

---

① 《元史》，百衲本，"纂修凡例"；卷首《进元史表》，第 2a 页，第四行。又见《太祖实录》卷四十四，第 4a—5a 页；此处记录的皇帝给元史馆的指示与别处有所不同。在本书交付出版社之后，有一篇精彩的文章讨论到官方历史的编撰文体，尤其提及了《元史》。见杨联陞：《中国官方修史的组织》，载于比斯利、蒲立本编辑：《中国与日本的史学家》(伦敦，1961 年)，第 46—47 页。
② 尽管当时元顺帝已经被驱赶到了蒙古草原上，但他直到 1370 年农历四月才去世。
③ 《元史》，"纂修凡例"，第五条。

随之拓展出诸多新的事务,在元史馆任职的史官们也被授予其他事职。新朝廷和文人阶层对于前朝都颇为蔑视,这使得编修《元史》成了一项可以敷衍了事的任务。

1369 年农历八月十三日,①李善长、宋濂和元史馆的官员们出现在朝堂之上,呈上了他们编撰的历史书。该书的手稿被装订成 120 册,包含 161 卷,共计一百三十万六千余字。史官们奉命不必处理元代最后一朝的历史,将其暂时搁置。他们知道这部《元史》是不完整的,还需要做更多的工作,而他们的借口是最后一朝的史料并不充足。次年,皇帝下令重开史馆,搜集新的史料,使元代最后一朝的历史也被纳入史书。最终的成书就是我们今天所知的《元史》。② 除了宋濂、王祎和一位史官之外,续修的工作由另一批文人共同完成。③ 高

① 译者注:据《太祖实录》卷四十四,进呈《元史》的时间是在"洪武二年八月癸酉",即八月十一日。与高启诗序中所记的八月十三日略有出入。

② 《太祖实录》卷四十三,"洪武二年七月乙未"条,第 4b—5a 页。"诏遣儒士欧阳佑等十二人往北平等处,采访故元元统及至正三十六年事迹,增修《元史》。时诸儒修《元史》将成,诏先成者上进,阙者俟续采补之。"此时为农历七月,在高启等人修讫《元史》之前;《元史》在农历八月成书并进呈御览。

③ 《太祖实录》卷四十九,"洪武三年二月乙丑"条,第 3a 页。译者注:"乙丑,诏续修《元史》。时儒士欧阳佑等采摭故元元统以后事实,还朝,仍命翰林学士宋濂、待制王祎为总裁,儒士赵埙、朱右、贝琼、朱世廉、王彝、张孟谦、高逊志、李懋、李汶、张宣、张简、杜寅、殷弼、俞同十四人同纂修。"

启和同僚们可以慨叹,他们的使命已经完结。在一首记述正式上呈《元史》的诗里,高启引用了皇帝对史馆作出的圣谕,提到自己身为一介布衣,有幸参与了进奉史书的庄严仪式,仿佛得见汉官威仪。① 两天后的八月十五日,刚刚遣散的元史馆官员们在天界寺举行庆典,同时庆祝中秋节的到来以及修史工作的结束。高启写下《天界玩月》一诗纪念此事,诗前有一篇小序:

> 洪武二年八月十三日,《元史》成,中书表进,诏赐纂修之士一十六人银币,②且引对奖谕,擢授庶职,老病者则赐归于乡。阅二日中秋,诸君以史事甫成,而佳节适至,又乐上赐之优渥,而惜同局之将违也,乃即所寓天界佛寺之中庭,置酒为玩月之赏,分韵赋诗,以纪其事,启得"衢"字云。

高启在诗里本身并没有多说什么,只是提到与寺内的一些名僧同赴筵席,很快便喝得"忘形"。这确实是一

---

① 《奉天殿进元史》,见《青丘诗集》卷十四,第 9a—b 页。
② 《太祖实录》卷四十四,"洪武二年八月癸酉"条,第 4b—5a 页。《太祖实录》中先是援引了臣子们的《进元史表》,然后提到:"上览之,诏誊写刊行。赏汪克宽等十六人白金各三十二两,文绮帛各四匹,总裁官宋濂等倍之。"从当时大明朝廷的标准来看,这是一笔丰厚的赏赐。

个令人难忘的场合。诗的结尾作："明年重见月，相忆当长吁。"①

166 　　"老病者则赐归于乡。"高启既不能说自己老了，也不能说自己病了。他被任命为史官之后，自动获得了翰林院的官职和品秩，因为元史馆就是在翰林院下设立的。② 高启显然保留了官职头衔，并且被指派了其他的翰林院职责。这就意味着高启需要定期参与朝会，在内府教授皇室贵胄，在某些需要全天值守的官署"直夜"，草拟公文，迎送贡使，侍从皇帝及朝臣出游，陪祀圣驾于郊外的圜丘和方丘，以及处理许多其他类型的日常事务。翰林院是人才的储备库，在此任职的人会接到各式各样的任务，为朝廷的各项活动服务。像高启这样初入翰林的人，有希望在短期内从这里脱颖而出，到某个行政官署或地方府衙赴职。同时，他也有机会更深入地了解朝廷、政府，以及其中的主要人物，尤其是令人敬畏的皇帝本人。

　　高启想必就已面见过皇帝，大约在奉命编修《元史》的时候，《元史》修讫后又再次觐见。不难想见，他

① 《青丘诗集》卷七，第9a—b页。
② 《志梦》，见《凫藻集》卷五，第6b—8a页。这篇文章里提到，高启于1370年农历二月才被任命为翰林院编修，但此前他应该还拥有过翰林院的某个临时头衔。

的好奇心会有多么强烈。他想一睹天子龙颜，看看这位曾出家为僧、落草为寇，后又成为红巾首领的农户之子。传闻中，朱元璋身材高大，面容瘦削，下颌突出，鼻子像猪一样，头顶上有一个明显突出的头骨。朱元璋是一个精力充沛的人，具有敏锐的心机和果决的判断力，这样的人很容易被大家接受，他注定要一统天下，建立千秋万代的王朝。在朝堂上，皇帝坐于高台尊位，远离臣子；大臣们则立于远处，无法看清皇帝的面容，只能揣测圣心。在这些年里，朱元璋通常心情很好，因为他每日都能收到前线军队得胜的奏报。从拂晓到晌午，他都在与朝臣会面，审慎地批阅所有的奏疏和例行的政务奏报，听取臣下的意见并从历史上寻找可资借鉴的先例，最后宣布圣谕。然而，天子之怒众所周知，在一些最常规的问题上，他的决断经常让朝臣们感到震惊。朝臣们无疑非常信任皇帝，有智慧、有远见的高级官员会觉得这个新政权值得他们的尊奉。但是，皇帝并不希望臣子们对自己心生亲近。在重新一统天下的这群人中，并没有生出同志般的友爱精神。朱元璋仍然很冷漠，而且似乎有意识地经营了一个天威难测的形象。如果高启还保留着他的浪漫理想，设想共同去践行英雄主义，那么皇帝深不可测的性格肯定已经将其熄灭了。在朱元璋以效率为导向的朝廷中，浪漫

167

的理想是不合时宜的。

高启的浪漫主义理想已经遭到了多次的否定，因此也把这些理想当作是年轻时的错觉而搁置。在体验过反复的幻灭后，当他在 1369 年深秋作为忙碌的朝臣而履职时，他或许会告诉自己，他将努力寻求一个脚踏实地且受人尊敬的前途。无论何种事务，他都会全力以赴，如此便会收到更多朝廷的任命，获得更大的满足感。因此我们看到，高启一直待在南京，继续寓居在天界寺，并且深深融入了丰富多彩的朝廷生活。

藩国使团纷纷来朝，向新的天子入贡，请大明王朝册封自己国家的国君，以此来寻求政权的合法性。这一年，高丽、安南、占城的使团纷纷入贡，①高启出席了朝会，参加了皇帝为使臣举行的宴飨，并为这些场合写下了正式而古雅的诗作——这些诗显然是公共作品，而非私人记录。1369 年农历九月，在皇帝的生辰圣寿节前，丞相率百官举行仪式，请求皇帝允许群臣贺寿，庆祝这一庄严的时日。高启也位列其中，再次贡献了一首正式的纪事诗。② 一个月后，丰沛的"甘露"落在内

---

① 译者注：书中将洪武二年入贡的藩国列为高丽（Korea）、安南（Annam）和真腊（Cambodia）。按《明史·太祖本纪》："是年，占城、安南、高丽入贡。"则藩国应为占城（今越南），而非真腊（今柬埔寨）。

② 《圣寿节早朝》，见《青丘诗集》卷十三，第 14b 页。

廷后苑的柏树上，古树悬满了珍珠般的露珠。皇帝召集朝臣前来观瞻，众臣皆言这是祥瑞之兆，此前已不乏此先例。高启再次献上了一首充满了历史典故的诗作。① 这一年冬至，他陪同皇帝和朝臣前往位于都城南门外的方丘祭祀。② 朱元璋追赠生父为"仁祖"，配祀于此。高启所作的诗歌再次显示了他丰富的才学和技法，他将大量的文学修辞恰当地融入正式的作品中。③ 他的诗艺无疑受到了大家的称赞，朝中没有人比他更擅长这些技法。不过令人生疑的是，当朋友们欣赏高启的诗作，或是高启将诗作寄予密友时，这些应制的表演性质的作品是否会被包括在内。

一些不太正式的诗作可以出现在一些不太正式的场合，譬如奉命陪同皇帝和朝臣出游时，高启在作品中描绘了皇家园林里的象和鹿。④《玄武门观虎圈》一诗则成功地唤起了人们对于可怕野兽的想象，而且与在

169

----

① 《洪武二年十月甘露降后庭柏树上出示侍从臣启获预观嘉瑞因赋诗颂之》，见《青丘诗集》卷十三，第 15a 页。
② 译者注：明初，祭天的圜丘位于南京城南郊，祭地的方丘位于南京城北郊。按《太祖实录》卷四十七，"洪武二年十一月乙巳"条："乙巳冬至，祀昊天上帝于圜丘，始奉仁祖淳皇帝配。"
③ 《大驾亲祀方丘选射斋宫以奉次御制韵》，见《青丘诗集》卷十四，第 7a—b 页。此后数页里许多正式的诗作都指向了高启在朝中的公务活动。
④ 《奉游西园命赋二题》，见《青丘诗集》卷九，第 18b—19a 页。

南京所写的很多作品一样，高启在诗中大量使用了汉代的典故。① 我们不禁要问，高启是否觉得这种几乎成为官方定式、具有暗示性的奉承之语是有必要的？毕竟当今的皇帝自视为第二个汉高祖，而汉高祖又是历史上唯一一位出身卑微却开创了伟大王朝的人物。②

诗歌创作只是高启官方身份之外的副业，并不是他的全部工作。南京的生活为他提供了许多私人活动的机会，有限的闲暇时间如今充斥着愉快的短途旅行和宴会雅集，这些是他从前就很熟悉的休闲活动，在这些场合写下的诗作散发着更为自由的气息。南京虎踞龙盘，巨大的弧形城墙镶嵌在山丘和湖泊中，波涛汹涌的长江就在不远处，宏伟壮观的地理环境激起了高启灵动的诗兴。笼罩在城市上空的"金陵王气"寓意着南京将成为皇权的所在，这番皇家气象在高启看来显而易见。尽管他的诗作往往充斥着典故，但他对这座王城的诗意描述依旧显示出了其丰富的、具有创造性的想象力和不断增加的诗性深度。③ 某日，高启和一群友人游览了附近的采石矶，1355 年明军攻占南京前曾在

① 《青丘诗集》卷九，第 10a 页。
② 赵翼：《廿二史札记》卷三十二，第一条。
③ 尤其是《晚登南冈望都邑宫阙二首》，见《青丘诗集》卷十四，第7b—8a 页。另有一首或许作于同期的《登金陵雨花台望大江》，见《青丘诗集》卷十一，第 10b 页。

这里渡过长江,此处也同样因与唐代诗人李白有关而闻名。高启的《和友人过采石》一诗反映了这种关联性,诗中他和友人们喝着酒,听着歌妓的歌声,租了一条船在江中赏月。① 许多作品表明,诗人并没有在孤独寂寞中伤怀,他欣赏风景,赴宴雅集,他有许多朋友可以一起分享有趣的谈话。在南京忙碌的数月中所写的作品足以证明,高启已然在朝廷的文人中深受钦佩,同时也成为前途无量的成功士人,但他的诗作却并没有展现出欣喜的气氛,诗中缺乏满足感与成就感。或许从一开始,他便对朝臣的身份颇为不满。

此外,高启逐渐意识到,为官的琐碎生活与朝廷的严苛制度令人生厌。在《京师苦寒》一诗中,他描绘了1369 年冬天京城的严寒:

> 北风怒发浮云昏,积阴惨惨愁乾坤。
>
> 龙蛇蛰泥兽入穴,怪石冻裂生皴痕。
>
> 临沧观下飞雪满,横江渡口惊涛奔。
>
> 空山万木尽立死,未觉阳气回深根。
>
> 茅檐老父坐无褐,举首但望开朝暾。
>
> 苦寒如此岂宜客,嗟我岁晚飘羁魂。

*171*

---

① 《青丘诗集》卷十二,第 10b 页。

寻常在舍信可乐，床头每有松醪存。

山中炭贱地炉暖，儿女环坐忘卑尊。

鸟飞亦断况来友，十日不敢开衡门。

揭来京师每晨出，强逐车马朝天阍。

归时颜色黯如土，破屋暝作饥鸢蹲。

陌头酒价虽苦贵，一斗三百谁能论？

急呼取醉径高卧，布被絮薄终难温。

却思健儿戍西北，千里积雪连昆仑。

河冰踏碎马蹄热，夜斫坚垒收羌浑。①

书生只解弄口颊，无力可报朝廷恩。

不如早上乞身疏，一蓑归钓江南村。②

冬天加剧了在黎明起床上朝的不适感；这经常被看作是朝廷官员生活中最艰难的部分。然而无人能够企及的是，高启在这首诗中充满感情地表达了这一点；他还有关于同一主题的其他诗作。③ 即使在不是"苦寒"的时候，高启也对清晨上朝的责任感到不满，他想到了自己躺在乌篷船里听雨时的快乐，想到了在苏州城外的

---

① "羌""浑"是指西北地区少数民族，这是与汉代相关的用典。
② 《青丘诗集》卷十，第 11b—12a 页。
③ 例如《卜算子·京师早朝》，见《扣舷集》，第 5a 页。又如《晓出趋朝》，见《青丘诗集》卷七，第 9b 页。

溪水上度过的悠闲时光。①

　　1370 年初,高启意识到,如果能与妻子和家人生活在一起,那么自己不满的情绪便会消散,可以在京城过上不那么孤独的正常生活。一年前,他初到南京不久后便去了钟山。雄伟的钟山坐落在东城墙外,俯瞰着南京城。② 如今,高启在钟山找到一处住所,他从天界寺搬往那里,并将家人安置于此。③ 尽管只是朝廷为官员提供的寓所,并非自己的私人财产,但高启还是为此感到高兴。新的住处景致佳胜,而他在移寓诗的结句却道:"谁言新舍好,毕竟未如归。"④家人经历了旅途的风尘与疲惫,终于抵达南京,此时的高启激动得说不出话,于是以诗记录下自己过于兴奋的心情。在这个幸福的时刻,虽然他深情地回顾了家乡充满乐趣的简单生活,但最终的结论却是,为了报答统治者的恩惠,他愿意欣然放弃那些所谓的乐趣。⑤ 如果这不是出于对皇权的礼貌,那么它多少也应该代表了高启转瞬即逝

---

① 《风雨早朝》,见《青丘诗集》卷十七,第 23a 页。

② 《同谢国史游钟山逢铁冠先生》,见《青丘诗集》卷九,第 22a—b 页。

③ 译者注:高启家人至京是在洪武三年(1370)春,但其移居钟山里应是在《元史》修成、史局散馆之后,即洪武二年(1369)秋八月。见贾继用:《吴中四杰年谱》,第 168 页。

④ 《自天界寺移寓钟山里》,见《青丘诗集》卷十二,第 8a 页。

⑤ 《喜家人至京》,见《青丘诗集》卷九,第 22b—23a 页。

的心态。

1370 年初的冬末早春发生了一段插曲,当时高启无需上朝,或许也根本没有常规的事职。为什么会出现这种情况? 这种情况又持续了多长时间? 我们都无法确定。唯一的间接证据是他在这段时间写下的三四首诗作。此时他住在城外的钟山,郊区宁静安逸的生活终于让他在离开苏州之后感到了一丝适意。

高启在一首诗里提到,一日他早早地离开钟山准备进城,却发现城门依然紧闭。一群人不耐烦地在晨霜中聚集在一起,等待着黎明的到来,等待着卫兵开启城门,他们的马匹在嘶鸣踩踏。有些人是赶着上朝的官员。高启在诗里写道:"可怜同候者,多是未闲人。"①在这段闲暇的时日里,高启认为朝廷官员的忙碌生活并不令人羡慕;他对官员的怜悯是新近才萌生的想法,在来南京之前,这种想法并不存在。

组诗《京师寓廨三首》也是在这段短暂的公务休息期间所写,其中第一首作:

> 谁言旧隐非?静里且相依。
>
> 绿树城通苑,青山寺对扉。

---

① 《早出钟山门未开立候久之》,见《青丘诗集》卷十二,第 7b 页。

官闲休直早，客久梦还稀。

是物春来典，唯存旧赐衣。①

散朝之后典当朝服是源自唐代杜甫诗句中的典故，意在以诙谐幽默的方式突显简单轻松、近乎贫穷的生活。高启是否在暗示自己需要一个薪俸更高的正式官职（通过表达对于皇家赏赐的崇敬态度来强调自己的忠诚）？还是在以礼貌客套的措辞掩盖自己摆脱公务后的喜悦？这组诗中另外两首的用典不甚清晰，未能道明诗人的感受。无论如何，这种闲暇的状态没有持续多久。不久后，高启又开始在朝中忙碌，并再次对朝堂生活感到不满。

在官场度过第二个春天后，高启的心境再次坠入低谷。正是在这一年春日，他在钟山的家里写了一首诗，开篇道："客愁拟向春来减，春到愁翻倍旧时。"②如今，他已经与妻子和孩子们生活在一起，又为何而忧愁呢？一直以来，高启都一心记挂着昔日的友人、兄弟姐妹以及一些其他同伴，在京城写下的很多诗作都表达了他对徐贲、杨基、王行及"十友"中其他几人的关心。他担心仍流亡在外的兄长，还梦见了他的姐姐（或许是

175

① 《青丘诗集》卷十二，第 11a 页。
② 《春来》，见《青丘诗集》卷十四，第 12b 页。

他的长嫂），担心她一个人独自回到苏州，回到在娄江边的老宅，她即将面临无人照顾的情况——她或许需要自己的照顾。"我非王事縻，胡忍离骨肉。城东先人庐，尚有书可读。何当乞身还，亲为姊煮粥。"①最后一句运用了唐人的典故，李勣非常爱戴他的姐姐，在她生病时亲自煮粥侍奉。高启应该会意识到，对家人和朋友的责任增强了他离开官场、返回苏州的意愿。

这些情感和感受是否足以成为解释高启作出最终决定的理由？尽管史料中没有提到更多具体的内容，他的诗歌中也没有涉及这些，但我们可以看到，一些更紧迫的原因促使他下定决心辞官归隐。其中一个原因是，仕途的前景存在着真正的屈辱和危险。而且，对于高启这种性格的人来说，入仕为官也有可能会被视为毫无价值。在很大程度上，官场生活自然令人感到不悦。明朝初年的朝堂充满了紧张的气氛，这是由于野心家们在无情地操纵着政治局势。李善长占据了文官中的最高职位，这主要是因为他的资历而非能力。皇帝对李善长越来越不耐烦，而他即将倒台的征兆已经很明显了。另外几位野心勃勃的人想要取而代之，各

*176*

---

① 《梦姊》，见《青丘诗集》卷七，第 10a—b 页。没有其他证据表明高启尚有一位有血缘关系的姐姐，因为"姊"这个字在古时经常被随意使用。

个派系在暗中较劲，有时诉诸谣言和诽谤。[①] 可以说，这是政治的自然规律，高启应该学会在这种环境中生活。也许在另一个时代、另一位皇帝的统治下，他尚且可以做到；然而，当下这种不愉快的政治角逐，再加上朱元璋那令人生畏的性格，即便是勇敢的人面对这种状况也会踌躇不前。最终，朝廷中一个潜藏着的派系主导者终于越权了。1370 年农历七月，皇帝的愤怒降临到他身上；他及其主要党羽在朝廷上被抓捕、宣判，并且被立即判处死刑。[②] 当时的整个朝堂危机四伏，无论是见证了事态发展的人，还是在私下里议论纷纷的人，甚至是在此事件中表露出同情的人，都被这场政治斗争的惨烈结局所震慑。

---

① 夏燮：《明通鉴》卷三，第 23b 页。在讨论杨宪的垮台时，夏燮讲述了皇帝对李善长与日俱增的恼怒，以及朝廷中的其他紧张关系。

② 指杨宪，时任中书右丞（译者注：《太祖实录》载"以中书省右丞杨宪为左丞"），他和一些同党坐罪论死，见《太祖实录》卷五十四，"洪武三年七月丙辰"条，第 6a 页及此后数页。另外一位重要官员汪广洋在一个月前被突然罢职。《太祖实录》中多次提到了皇帝难以预料的性情，但总体上并没有记明事件的来龙去脉，朝中官员的一些感受必须从字里行间中方可读出。例如，臣子们关于"日中屡有黑子"的讨论，见《太祖实录》卷五十九，"洪武三年十二月壬午"条，第 9b—10a 页。一位诚实的官员（译者注：指起居注官万镒）在对答上问时，请求减少对士大夫的暴力惩罚，以及在执行惩罚时不宜草率行事。由此可以推测，明朝士大夫的恐惧感在上升。

　　高启或许没有立即感受到政治派系的威胁，他被卷入其中的可能性并不大。但是，这次政治斗争以如此暴力的方式完结，这肯定使理想主义者失去对仕途的盲目期待。同年发生的另一件事可能更为严重地影响了高启对朝堂生活的看法。在翰林院中，受人尊重的耆儒危素是高启的同僚。危素曾供职于元朝的史馆，与修宋、辽、金三朝国史，也曾在元朝的翰林院和其他重要职位上履职。他的一生都在积极地维护朝廷的道统和学术。高启与危素相识，并写过一首诗表达对他的敬意。① 危素不是轻易便肯向新王朝俯首称臣的人；在大都被明军攻陷时，他曾试图在当时居住的寺院中跳井自尽。僧侣们拉住了他，并且劝说危素，若是想为元朝尽忠，还有最后一项的重要工作留待他来完成。僧侣们说："国史非公莫知，公死，是死国史也。"危素同意继续活下去，并在明军攻入时极力保存了元朝的十三朝《实录》稿本与其他档案资料。他怀着高尚的理想接受了明朝的任命，但朱元璋却没有应允他在史馆任职。尽管如此，皇帝似乎对危素表示了尊敬之意，鉴于他年事已高，皇帝允许他在宫中乘坐小车，不必参加早

---

① 《雪夜宿翰林院呈危宋二院长》，见《青丘诗集》卷十二，第 7b—8a 页。

朝,等等。① 然而一日,这位性情多变的皇帝听到了危 *178*
素在走廊上蹒跚的脚步声,询问来者是谁,并出言羞辱
于他,嘲讽他没有抱定最后的忠心,不像宋末的著名英
雄文天祥那样宁死也不接受新王朝的职位。此后,一
名奸佞的御史立即上疏弹劾危素,认为他不宜与朝中
的重臣同列,而皇帝则建议,也许危素所擅长的只是照
看余阙的祠堂——余阙是元末死节的忠臣。就这样,
危素被贬出朝廷;据说他不堪屈辱,于次年冬天去世。

危素受辱一事发生在 1370 年农历四月,②对派系
领袖杨宪的突然论处发生在农历七月。那时,高启显

---

① 其他德高望重的年迈官员也享受了类似的礼遇,譬如罗复仁,其人物
小传见《太祖实录》卷六十四,"洪武四年四月丁酉"条,第 4a—b 页。

② 《太祖实录》对此事记载很少,也没有提到危素受辱,仅记载到
"复以危素为翰林侍讲学士",但没有说明他此前为何被罢免,见
《太祖实录》卷五十一,"洪武三年四月癸酉"条,第 9a 页。而夏
燮在《明通鉴》卷三里提到,皇帝是在这个月侮辱危素的。《太祖
实录》最后一次提到危素是在农历六月,"上与侍讲学士危素论
宋元兴替",见《太祖实录》卷五十三,"洪武三年六月庚辰"条,第
9b 页。《太祖实录》中并未提及危素被贬以及在下一年去世之
事。明朝的一些笔记杂谈中记录了许多危素受辱的故事。例如
叶子奇的《草木子》中提到"上以其失节,屡辱之",见叶子奇:
《草木子》(作者自序的落款时间是 1378 年,此处使用的是
1878 年版)卷四,第 17b 页。又如黄溥《闲中今古录》中描述的
是,皇帝精心设计了对危素的侮辱,逼迫他在朝廷宴会上戴着写
有侮辱性笑话的木牌出现,见《纪录汇编》卷一百二十九,第 2b
页。又如何梦春在其《余冬序录》中花费了很长的篇幅论述危素
案的利弊得失,这篇文字在后世颇为有名,且引发了许多讨论,
见《纪录汇编》卷一百四十八,第 17b—19b 页。

179

然已经决意离开朝廷,并且似乎已经将家人送回了苏州。但是高启自己如何脱身呢?贸然离开或许非常危险,因为这会使多疑的皇帝认为高启看不起他(这很可能是事实),或者高启不重视仕途所能带的荣誉和奖励(这当然是事实)。我们无从得知高启是如何安全地请辞的,但他一定与其上司如王祎、宋濂等人商量过,这些人地位很高,能够理解高启的感受,并且能够替他说些有分量的话。七月二十八日那天,[①]高启和友人谢徽接到了诏书,命其觐见皇帝;谢徽也是苏州人,是高启在翰林院和元史馆的同僚。皇帝赞扬了他们的工作,二人得到赏赐,并被委以要职。高启从正七品的翰林院编修升为正三品的户部右侍郎,[②]这是仕途上的重大拔擢,但高启的拒绝一定经过精心的准备。高启叩谢皇帝赐予他并不配拥有的荣誉,表示这一重任超出了自己有限的能力。他在一篇记述梦兆的文章中写道:"启以年少未习理财,且不敢骤膺重任,辞去。"[③]谢徽也

---

① 夏燮:《明通鉴》卷三,第 18a 页。《明通鉴》和其他一些文献记录的时间是农历九月。高启在《志梦》中则记为七月,见《凫藻集》卷五,第 6b—8a 页。高启写给谢徽的《酬谢翰林留别》的诗序中也作七月,见《青丘诗集》卷七,第 10b 页。

② 假设 1370 年的俸禄大致与 1371 年正月的俸禄相当,那么他的俸禄应该是从八十石提升到了四百石。1371 年正月,皇帝下诏定百官岁禄,见《太祖实录》卷六十,"洪武四年正月庚戌"条,第 8b 页。

③ 《志梦》,见《凫藻集》卷五,第 6b—8a 页。

以相同的借口辞归，二人得到了皇帝的赏银，并被允许
还乡。高启声称，谢徽和他都在梦中预见了此事。二
人诡异地在梦中预见到这些事，必定是因为他们在不
眠不休地筹划着辞官，以至于他们做了噩梦。不过在
另一首谦谨有礼的诗里，高启记述了这一巨大的荣誉，
以及他谢绝这一荣誉的无奈之处。① 随后他便立即与
谢徽及其家人乘船前往苏州。

　　高启生命中奇妙的一章结束了，起初是忐忑不安
但又充满希望，如今仍然忐忑不安却相当失落。在他
回程途中，只有两三首短诗被保留了下来，也许他不敢
将自己的真实想法写于纸上。其中一首题为《重游甘
露寺》，两年前他在奔赴南京的路上曾夜宿于此。这首
诗里用到了"喜"字，他很高兴自己能重游这座著名的
古刹；但并没有提到"忧""愁"这类字眼，忧愁的主题正
是他写于南京的诗作中反复出现过的。除了欣喜情绪
的暗示之外，这首诗里充满了高启对短暂人生的深思，
但这种思绪并无悲痛之感，尤其是以下这几句："云来
云去山如旧，潮落潮生江自流"，"江山千古情无尽，人
往人还自白头"。②

---

① 《辞户曹后东还始出都门有作》，见《青丘诗集》卷十四，第 18a—b 页。
② 《青丘诗集》卷十五，第 32b 页。

# 第七章
# 自在的诗人

在朝廷任职近两年之后,1370 年八月初秋,当高启逐渐接近苏州时,他不再矜持了——在剩下的路途中,高启开始记录下自己的情感。在太湖与故乡之间,他再次看到了熟悉的风景,再次听到了吴语乡音,狂喜地意识到自己已经身获自由。在高启心中,逃亡时的紧张情绪一直极为强烈,或许直到这一刻,他才真正意识到自己已经成功逃脱,紧张的情绪才彻底消散。高启就像是挣脱了牢笼的囚徒,麻木的感官恢复了知觉,得以品味回归故里、重获自由的美好感觉。当高启到达距离苏州城西仅十里的枫桥时——他当年乘船前往南京途中第一晚的经停之所,当时是寒冷的二月,朋友们陪他到此,为他送行。在一首短诗中,高启追忆了昔日的分别:

### 东归至枫桥

故人当日送登畿,此地停舟醉落晖。

惭愧临河旧攀柳,尚留青眼看人归。①

人们在送别时会折下柳条插在水边,以催促离别之人尽早归来;据说,柳条新发绿芽之日,便是离人归来之时。尽管高启几乎晚了一年才重回故乡,但同一棵发着绿芽柳树在等待着他——"青眼"是一个巧妙的双关语,它同时也代表着对待他人友爱的态度。故此,高启才会简单地回顾了当年离别时的场景。

高启在回程时所写的另外一首律诗则是对未来有所期待:

### 归吴至枫桥

原注:旧有塔,今废。

遥看城郭尚疑非,不见青山旧塔微。

官秩加身应谬得,乡音到耳是真归。

夕阳寺掩啼乌在,秋水桥空乳鸭飞。

寄语里闾休复羡,锦衣今已作荷衣。②

---

① 《青丘诗集》卷十七,第 14b 页。
② 《青丘诗集》卷十五,第 26b 页。

这首诗的意义层次太过复杂，无法准确地翻译。就像当年前往南京途中在此处停留时所写的两首诗一样，①高启再次化用了唐诗《枫桥夜泊》中的名句，不过他将哀伤的联想变成了自己的期许。诗的最后一句化用了"衣锦还乡"的典故，即外出之人回到家乡时身披锦服、面带荣光，这表明在外的生涯已是功成名就。② 在高启的预想中，乡邻亲友会将自己视为荣归故里的英雄，因为他曾光荣地仕宦朝中，而且拒绝了高官厚禄。不过，高启并非胜利而归、炫耀功业，放下锦衣对他而言不仅仅是一种姿态；他的"衣锦还乡"必须是隐秘的，需要掩藏在慎重而谦逊的态度之下。

或许高启认为，相比于住在城市中，再次居于乡下的青丘会更有益于这种掩饰；又或许是在经历过京城的生活之后，乡村的简单生活更富有吸引力，他无法拒绝安静的田野、溪流与旧钓矶。高启再次将精力转移到诗歌创作。在青丘的这一年里，他很少与友人见面，也几乎没有做其他事情，而是全心全意地阅读和创作。在第二年年底（即阳历1372年一月），他完成了一部共

---

① 译者注：即第六章中提到的《将赴金陵始出阊门夜泊》二首。
② 译者注：此处有过度阐释之嫌，原诗字面义仅为身份转换。

有 123 首作品的诗集,题为《姑苏杂咏》。① "姑苏"是苏
州的雅称,"咏"则是一种特殊的诗歌类型,通常用以表
现诗人对历史上人物、地点、事件的评述。高启戴上了
好古之人的面具,还有什么掩饰会比这更合宜呢?

在这部诗集的自序里,高启细致地描述了离开南
京之后第一年的生活和心情:

> 吴为古名都,其山水人物之胜,见于刘、白、
> 皮、陆诸公之所赋者众矣。② 余为郡人,暇日搜奇
> 访异于荒墟邃谷之中,虽行踯殆遍,而纪咏之作,
> 则多所阙焉。

> 及归自京师,屏居松江之渚,书籍散落,宾客
> 不至,闭门默坐之余,无以自遣。偶得郡志阅之,
> 观其所载山川、台榭,园池、祠墓之处,余向尝得于

185

---

① 译者注:《姑苏杂咏序》中作"合古今诸体凡一百二十三篇云";
明万历四十六年周氏刻本《姑苏杂咏合刻》四卷,集前高启序中
作"合古今诸体凡一百三十六篇云"。见《四库全书存目丛书》,
集部第 290 册,第 48—49 页。陈建华以为 136 首《姑苏杂咏》应
为高启初编且传抄之本;在初编后,似复有删削其谬者,方定为
123 首,而删定本今已不传。见陈建华:《高启诗文系年补正》,
载《中国古典文学丛考》,第 2 辑,上海:复旦大学出版社,
1987 年,第 215—216 页。
② 这里指的是唐代的刘禹锡、白居易、皮日休、陆龟蒙,他们都曾寓
居苏州,是最负盛名的文学家,曾写下不少有关地方景观的
诗作。

烟云草莽之间，为之踌躇而瞻眺者，皆历历在目。因其地，想其人，求其盛衰废兴之故，不能无感焉。

遂采其著者，各赋诗咏之。辞语芜陋，不足传于此邦，①然而登高望远之情，怀贤吊古之意，与夫抚事览物之作，喜慕哀悼，俯仰千载，有或足以存劝戒而考得失，犹愈于饱食终日而无用心者也。况幸得为圣朝退吏，居江湖之上，时取一篇，与渔父鼓枻长歌，以乐上赐之深，岂不快哉！

因不忍弃去，萃次成帙，名《姑苏杂咏》，合古今诸体凡一百二十三篇云。②

在高启描绘了这一年谨慎的隐退生活，尽管有些与世隔绝，他过着朴素的生活，沉浸于重新探寻故乡苏州的历史渊源，他慎思明辨而又饱含深情。这样做或许只是为了消遣无聊的生活，正如文中所说，他在阅读地方志时偶然萌生了灵感。不过，这也确实符合高启当下的心境。他借此机会重新思考历史上伟人们的胸襟与志向，思考他们的行动受何驱策、激励他们的又是何种理想。同时，他也必定会深刻地重新评估自己的理想，他此前曾经两度退居江边，如今又再次坐回这里，他需

---

① 苏州有着深厚的文学传统。
② 全文引自《青丘诗集注·原序》，第2a—b页。

要重新审视在官场上感受到的挫折感,并与现在所拥有的满足感相调和。高启确信,这次所选的道路是正确的。这条道路上不会有挫折感,不会有错过的机会,不会有不被认可的能力,也不会有无法施展的才华。或许这条道路上隐含着对新朝廷的不满,对皇帝的不满——高启很可能既畏惧又轻视皇帝,同时他又承认皇帝的合法性与在位期间的成就——但这一点并没能表现出来。序文中礼貌地提到皇权,但这只是传统的措辞方式,并没有什么深意。

此时的高启与当年曾两次逃避张士诚政权的年轻诗人已有所不同。可能正是在这一年,即 1370 年至 1371 年间,他写下了一篇题为《效乐天》的佳作,诗中展露出全新的自我认知。"乐天"即唐代诗人白居易,高启模仿的正是其浅显直白的诗歌风格:

谁言我久贱,明时已叨禄。

谁言我苦贫,空仓尚余粟。

辞阙是引退,还乡岂迁逐。

旧宅一架书,荒园数丛菊。

俗缘任妻子,家事烦童仆。

性懒宜早闲,何须暮年促。

犹着朝士冠,新裁野人服。

杯深午醉重，被暖朝眠熟。

旁人笑寂寞，寂寞吾所欲。

终老亦何求？但惧无此福。

功名如美味，染指已云足。

何待厌饱余，肠胃生疢毒。

请看留侯退，远胜主父族。

我师老子言，知足故不辱。①

　　高启对自己所选的道路非常满意，并将其与汉朝初年的史事相较。尽管比附汉代历史是朱元璋乐于见到的，但这种比附其实颇有些不祥之兆。众所周知，"留侯"张良与主父偃同为能臣，前者襄助汉高祖刘邦逐鹿问鼎，后者在帝国早期治政中功绩卓著。后来，张良从朝堂身退，归隐家中学道养性，安度晚年。主父偃纵横雄辩，令人生畏，他凭借自己的能力平步青云，却也因此卷入了权谋纷争，最终招致皇帝的猜忌，被斩首灭族。对高启而言，这无疑是一种大胆的类比，而这一类比也同样见于他的其他诗作中。此时，主父偃成为灾祸的象征，而高启则设法避免落入同样的下场。在大致同时期所写的另一首《东园种蔬》中，他再次用到

---

① 《青丘诗集》卷七，第 12b—13a 页。

了这一事典：

> 我非适世材，学圃乃所宜。
>
> 种蔬居东园，锄灌敢告疲。
>
> 夏来风露繁，众绿俱纷披。
>
> 朝餐摘我菘，暮餐芼我葵。
>
> 此味贱所嗜，蔓草勿害之。
>
> 慨彼主父言，鼎食何其危！[①]

高启竟然如此清晰明确地表示，自己是因为恐惧而辞
去职务的，这确实令人震惊！高启一定是希望，自己在
诗中表露出谦逊的情感，宣称自己缺乏抱负，并使用一
些常规的隐喻，以此来避免引起人们的过度关注。在
这些隐喻的掩盖之下，高启的态度可能不会被人察觉，
不过一旦被人发现、上报朝廷，那他看起来也会像是一
个无害的、头脑简单的人，而不是一个兼具行动力和广
阔视野的人，不是一个被内心抱负驱使、有意铤而走险
的人。换言之，高启秉持的态度前后迥异，这是否会引
起他人的怀疑？尽管这种转变的不协调感如此明显，
但毋庸置疑的是，高启对自己设定的新目标是真诚的，

---

① 《青丘诗集》卷四，第20b页。

他也是真心放弃了早年的抱负。如今，高启已经拥有了一定程度的自知之明，这是他先前所缺乏的。他可以完全坦诚地说，自己不愿再寄身于权力与责任之下，过俗世生活。他是已然放弃了自己的英雄主义理想，还是为它赋予了新的定义？在最初的一两年里，高启或许会认为自己已经放弃了理想。后来，高启会发现他的理想其实并未断绝，只是随着对"英雄"本义的重新理解而再度出现；最终，这种对英雄生活的追求却给他带来了悲惨的结局。

1372 年，大约从南京返乡约一年多后，出于某种未言明的原因，高启离开了"东园"（也就是他在大树村的旧家产），搬到了城郊。在这一时期，他的行踪并不确定；有一种说法是，他曾在城西的某处短暂寓居，但时间应不超过数月，[1]也许那里只是他在苏州南门外筹备新家时的暂住之处而已。大致从 1371 年底开始，至少在 1372 年初，高启便已移居到了城南。[2] 这处房产是租借于人还是自行买入，其实并未有明确记载，因此高启移居的原因也只能稍加推测。但高启和其他人都没

---

① 译者注：作者此说应是本于吕勉《槎轩集本传》："移居虎丘西麓训蒙，未几，迁城南。"

② 译者注：金檀《高青丘年谱》作："洪武四年……是年先生自江上移居城南。"据今人考订，高启移居城南是在洪武五年(1372)春。见贾继用：《吴中四杰年谱》，第231—232 页。

有费心解释此事,这似乎表明,徙家并不是出于什么重大缘由。或许他只是想再次靠近城市,以方便社会交往或从事教学活动,但同时又不想放弃住在郊区的乐趣。

高启写了几首诗来纪念这次移居,所有的作品都显示出一定程度的悲伤情绪。他不断地徙家,从未在一个地方定居超过两三年,这让他意识到了生活的不确定性。每次徙居都要与友人和近邻分离,这是他感到短暂悲伤的另一个原因。但在大部分诗作中,高启都表现出一种对于自身卑微命运的满足感,就像这首《迁城南新居》的结句一样:

> 辛苦中年未有庐,东西长寄一囊书。
>
> 未能避俗还依俗,堪信移居更索居。
>
> 叶满邻园烟羃羃,竹连僧舍雨疏疏。
>
> 何须许伯长安第,此屋翛然已有余。①

这首诗中也有关于汉代的典故。许伯是汉朝的皇亲,在都城长安过着贵族生活。② 在同样情境下所写的另

---

① 《青丘诗集》卷十五,第 2a 页。

② 译者注:典出《汉书·盖宽饶传》:"平恩侯许伯入第,丞相、御史、将军、中二千石皆贺。"颜师古注云:"许伯,皇太子外祖也。入第者,治第新成,始入居之。"

一首诗中,高启再次指出了个人在"大化"面前的无助,而正是"大化"促使他走上了现在这条路,即尾联所云:"多惭父老相留意,来去聊随大化迁。"①诗人在此悲哀地总结道,在推动人生变化的力量面前,人类的感情根本无济于事。在生命的最后几年里,高启常常对人生的许多境况感到不满,但同时又对自己为适应这些境况而做出的选择感到欣慰。他对自己择定的道路深信不疑。

搬入城南的新居后,高启结束了一年的自我封闭,士人的文化生活在苏州逐渐复兴,高启也更多地参与其中。在张士诚政权最后的绝望岁月里,这一地区许多重要的文学家们星散各地,随之而来的明朝征服者又将富户巨室和官宦家族全面放逐,使得这座城市的名贤文士更加流失殆尽。在这些冷酷的打击之下,被放逐的人们在数年后方得以归返故乡,并且大多是偷偷摸摸地回来的。正是有赖于文人雅集的振起,苏州城的传统文化生活才得以重建。高启不止一次提到,在他刚从南京回来之际,苏州城里找不到除了王行之外的其他故交。在 1371 年农历二月所作的一篇文章中,高启写道:"去年秋,余解官归江上,故旧凋散,朋徒

---

① 《别江上故居》,见《青丘诗集》卷十四,第 21b 页。

殆空。"①此外,在北郭附近的佛寺寻访旧友时,高启提
到,他有好几年都未能前来此地,因为"后余徙家于郊,
及从仕南京,不复至者数年。既归,今年春始一过焉,
而无言、白云皆已化去,旧僧多散亡,竹树舍宇,颇芜废
弗理。计当时同游者,惟止仲在郡,余或出或处,亦各
之四方,俯仰踌躇,为之盡然以悲。"②从这段话中可以
看出,在这几年的世事变迁中,苏州饱受灾难,几乎坠
入停滞的深渊,亟待从大萧条的状态下恢复往日的
活力。

　　苏州也确实很快就重获生机,然而,高启的社交圈
却没能复原。在十四世纪 50 年代末和 60 年代的苏州
城中,高启社交圈的成形虽然在很大程度上是由一些
不正常的情况导致的,但却是当时影响人们情感的精
神寄托。高启融入了一个新的社交圈层,他们共同的
精神寄托与高启此前那个尽是故旧的圈子有所不同。
不过,高启仍然珍视着曾经的友谊,为昔日的时光与故
交们写下了深情的诗篇。虽然旧友中只有王行一人还
在苏州,但高启应很少与他见面。在其可以明确系年
于这一时期的诗作中,没有一首曾提到王行。那些年

① 《送丁至恭河南省亲序》,见《凫藻集》卷二,第 12b 页。
② 《送示上人序》,见《凫藻集》卷三,第 2b—3a 页。

里，王行数次顽固地拒绝朝廷的出仕之邀，在城郊的石湖过着彻底的隐居生活。在"北郭十友"以及高启前往南京之前的社交圈中，有三位出色的诗人对高启最为重要。这三人中，杨基和徐贲已于1368年被流放到淮河地区，张羽也已经搬离，在杭州附近隐居。在南京生活的第一年，高启梦见自己收到了杨基的讣讯，于是写诗为纪。① 后来，杨基现身京城并过访高启，高启给对方看了那首诗。二人都为这次令人高兴的会面留有诗作，诗中提到在动荡的时代，他们都非常挂念彼此的命运。② 作为所有朋友中或许最受高启尊敬的诗人，杨基走上了自己的道路，然而前路险阻重重，他时而出仕为官，时而遭贬，再也没能与高启同地而居。他们最多只能时不时地互寄书信，或是将最近的诗作抄送对方。

194

---

① 译者注：此诗为《梦杨二礼曹》："今夕复何夕，梦我平生友。握手无所言，但道别离久。觉来闻秋虫，空堂夐何有。不知千里途，君魂果来否？当年亦如梦，聚散一回首。起坐与谁亲，钟鸣月穿牖。"见《青丘遗诗》，第2a页。此诗作于洪武元年（1368）秋，是时杨基在大梁，而高启仍在苏州，尚未动身赴南京。

② 《喜杨荥阳赴召至京过宿寓馆》，见《青丘诗集》卷十三，第17b页。以及杨基：《眉庵集》卷一，《四部备要》版，第17a页。译者注：杨基所作的诗为《白门答高二聘君》，诗序云："戊申秋，余谪大梁。季迪尝梦余，与若平生。明日，道路传余已死。季迪有梦余诗。己酉春正月，余侍亲东归，迪亦应召来京师，相对惊喜，因出所赋梦余之作。余既感季迪之念，而复疑犹梦也。歌以答之。"可知二人此次会面于洪武二年（1369）正月。

　　如果说杨基是高启最敬重的诗人,那么徐贲则应是高启最心悦的至交好友和同道中人。在高启的诗文中,写给或是提到徐贲的作品远比给其他人的要多,而且许多诗题中都有"怀"字。当时,徐贲也被谪徙淮河地区,得到赦免后曾前往南京拜访高启。次年,徐贲又过访高启于苏州。① 他们在数个场合都有过短暂的会面,其中一次是在徐贲回归湖州山林的途中——他曾在那里隐居了十年;② 这首诗也"兼寄"张羽。最终,徐贲和张羽都在明朝入仕为官,不过,徐贲再也没有寓居于苏州附近,而张羽则偶尔才回到苏州。③ 高启的另一位至交是僧人道衍,他在此后不久即以一种引人注目的方式崛起,以姚广孝的身份被迫还俗,于 1370 年从杭州被召至京城,并在高启钟山的寓舍里与其相会。

---

① 译者注:至正二十七年末(1367),徐贲自临濠至南京;洪武元年(1368)三月,复归临濠;是年秋谪归,居苏州北郭,曾访高启于江上。高启赴南京是在洪武二年(1369)正月,故而二人或许未曾在南京会面。见贾继用:《吴中四杰年谱》,第 129—133、144—147 页。

② 《送徐山人还蜀山兼寄张静居》,见《青丘诗集》卷十五,第 27a 页。译者注:此诗作于洪武四年(1371)春,是时高启隐居江上,与徐贲偶然相逢于苏州,并送还蜀山书舍。

③ 在高启去官后不久,张羽曾初次尝试进入新的大明朝廷,但未能成功。见《明实录》卷六十四,"洪武四年四月庚子"条,第 5b—6a 页。

在这一年，高启为道衍的《独庵集》撰写了序文。① 两位诗友继续互通书信，或许也偶尔见面，但和其他人一样，道衍再未回到苏州居住。高启的友人中，其他依然在世的人则散落得更为遥远。

195 　　如果说高启以前社交圈的凋零已经无法挽回，那么在十四世纪 70 年代，他家乡的正常生活在慢慢恢复，士人的文学活动又开始复苏。高启不可避免地融入了这种生活，迁居城南标志着他更积极地参与其中。由于此前曾在京城获得了朝廷的认可，如今的高启备受尊重，声名显赫。整个苏州都在仰视高启，而他也有义务在当地的文化生活中发挥核心作用。高启所处的新社交圈的特点，在王彝身上得到了最好的体现。王彝曾是高启的旧交，现在又成为了他新的挚友。

　　王彝与高启已相识数年，不过此前他们还不算是亲密的伙伴。王彝的年纪与高启差不多，他在年轻时曾因攻讦元末诗坛巨擘杨维祯而声名鹊起。在十四世纪 50 和 60 年代，杨维祯在位居诗坛盟主，这导致了一种更为自由的、模仿吴地古歌的歌曲形式发展起来。杨维祯的诗歌在构思上非常浪漫，技术上也很大胆；然

---

① 《独庵集序》，见《凫藻集》卷二，第 12a—b 页。《衍师见访钟山里第》，见《青丘诗集》卷十四，第 10b—11a 页。

而不幸的是,在众多模仿者笔下,这一风格开始流于轻浮颓靡。王彝年轻时曾撰文谴责杨维桢为"文妖",指斥他在道德沦丧的时代造成了恶劣的影响。① 当年,高启对于杨维桢应是极为推崇,因此未必愿意与王彝的极端观点扯上关系;而他的好友杨基则是杨维桢的门生,他自己也曾参加过由杨维桢担任评判的诗歌比赛。如果说在那些年里,王彝过于强调道德伦理的观点与高启本人强烈的浪漫主义倾向不相匹配的话,那么如今形势的变化足以使他们成为亲密的朋友。王彝的文学天赋绝非寻常,当年在攻讦杨维桢时所表现出的愤慨,其实恰是源于他正直的性格,以及他在古代学问方面的良好功底。随着年龄的增长和智慧的提升,王彝展露出许多值得高启尊重的品质。此外,在高启离开南京之后,即 1370 年,王彝被召唤到南京从事《元史》的续编工作。这部书在高启返回苏州后的一两个月内便完成了。与高启一样,王彝也曾被皇帝召见,受到表扬和嘉奖,并被授予高位;也与高启一样,王彝拒绝了。他拒绝的借口充分彰显了理学家道德论的奥妙。王彝

<sup>196</sup>

---

① 译者注:王彝《王常宗集》卷三《文妖》:"余观杨之文,以淫辞怪语裂仁义、反名实,浊乱先圣之道……余故曰:'会稽杨维桢之文,狐也,文妖也。'"见《王常宗集》,《景印文渊阁四库全书》,第1229 册,第 423 页。

自谓家中尚有年迈寡居的母亲，一想到要适应新的环境，她就会很痛苦；由于自己不能在苏州任职（依据原则，士人履职务必回避家乡），而且他的母亲也不能陪他去其他地方，因此王彝有责任回到家中照顾她。① 王彝如此发自肺腑地陈述了这一情况（这也的确是事实），以至于皇帝只能称赞他，并送他回到苏州。归根结底，在美德的层级中，孝道最为重要；对父母的孝心要比对皇帝的忠心更为优先。

尽管高启和王彝没有同时从事编撰《元史》的工作，但二人经历相通，或许他们对《元史》的看法也大抵相近。如今，他们成为挚友。高启撰写记文，向世人解释王彝去官的动机；② 他们相互理解，也一定讨论过各自辞官的私人考量。一些诗作表明，他们颇为频繁地相互拜访。在一次离开苏州的短途中，二人不期而遇，高启写下了一首简单而富有深意的诗歌，显示了他们之间存在着极为深厚的友谊：

> 故人散尽独君存，风雨相逢海上村。

---

① 译者注：此处应是本于高启的《归养堂记》："有欲荐入禁林者，常宗辞曰：'吾非不欲仕也，顾母老不乐去其乡，旁又无他子侍养，吾可留此而使吾母久西望乎？吾亟归尔！'"

② 《归养堂记》，见《凫藻集》卷一，第12a—b页。

尊酒饮阑言不尽,更留馀烛照黄昏。①

之后的两三年时间里,他们的命运密不可分地交织在
一起。

对高启而言,在这些年里,与王彝的友谊极为珍
重,无可替代。不过,还有一些僧人朋友对他同样重
要,与他们的哲学讨论取代了年轻人心怀英雄理想的
高谈阔论,这既表明高启随着年龄的增长而日益成熟,
也表明他在思想上发生了转变。当然,高启是否成为
佛教信徒这一问题多少带有误导性。在那个时代背景
下,与高启有着近似出身的中国人很少成为正式意义
上的佛教信徒;甚至在形式上如何定义皈依佛教,也是
颇为困难并且或许毫无意义的事。因为除了落发出家
之外,正式成为佛教信徒并没有其他明确的步骤可言;
即使佛教居士发愿的内容中包含了放弃食荤、定期礼
佛、捐纳善款,但实践这些行为的人往往也遵循着佛教
以外的某些习俗,甚至秉持着一些可能与佛法相冲突
的观念。然而需要注意的是,中国的宗教并不具有排
斥性,一个普通人同时参与所有的宗教行为,并不能说

① 《海上逢王常宗雨夜同宿陈氏西轩》,见《青丘诗集》卷十七,第
24a—b 页。

198 明儒、释、道之间的实际关系，也不能说明在理学统治下的几个世纪里，流行的宗教实践与宗教哲学体系在某种和谐的精神下合而为一。对于高启这样的人，传统的儒家哲学是其兴趣所在。当他关注的目光投射于外界时，他最关心的便是儒家传统的伦理和实践层面，一如他在青年时代寻求刺激并付诸行动；然而一旦他开始看淡俗世，便会认为自己的生活被造化的力量所塑造、被命运的意志所支配。他越来越被理学思想中形而上的内容所吸引，这些内容并不是对伦理和实践的排斥，而是对它们的补充，并为他个人提供了更有意义、更值得思索的问题。对高启那个时代的文人而言，理学思想的这一面向与佛道思想的亲缘关系并不总是显而易见的；理学精神一直被认为是对立且高于佛道二教。像那个时代的许多人一样，高启在蔑视佛教的偏见中成长，将佛教视为是对传统道德的颠覆，是只适合深闺女子的迷信宗教，他不得不对佛教作出自己的阐发。在《送虚白上人序》中，高启谈及了这些内容。文章开篇作：

> 余始不欲与佛者游，尝读东坡所作《勤上人诗
> 序》，①见其称勤之贤曰："使勤得列于士大夫之间，

---

① 原题为《钱塘勤上人诗集叙》，见苏轼：《苏学士文集》卷五十六，《四部丛刊》版，第 7b—8b 页。

必不负欧阳公。"

> 余于是悲士大夫之风坏已久,而喜佛者之有可与游者。去年春,余客居城西,读书之暇,因往云岩诸峰间,求所谓可与游者,而得虚白上人焉。①

这篇文章余下的部分谴责了儒家士大夫的堕落,似乎是针对在张士诚政权最后几年中身居要职的那些贪婪、自私之辈。文章没有注明撰写日期,但从这一内证来看,似乎是作于 1365 年或 1366 年前后。② 文中提到的欧阳修是北宋时期著名的儒家士大夫,他提携过许多擅长文学、政治的人才,这一点非常有意义。在确立新儒学复兴的理想方面,欧阳修做得比任何一个人都多;苏轼在他的文章中明确指出,欧阳修虽不喜佛老,但依然会赞许那些在经学与文学方面有所成就的佛家弟子和道教信徒。对于欧阳修而言(对苏轼和高启也是一样),这是他们道德价值的证明。欧阳修尊重勤上人,苏轼也认可勤上人及其文才,这些具有说服力的先例促使高启开始意识到一些僧侣的价值。高启在文中提到,佛教信徒中也不乏败类,但他赞扬了虚白,认为

---

① 《凫藻集》卷三,第 4b—5a 页。
② 译者注:此诗应作于至正二十二年(1362)秋。见贾继用:《吴中四杰年谱》,第 74 页。

他要强过大多数僧人："虚白之贤，不唯过吾徒，又能过其徒矣。余是以乐与之游而不知厌也。"

在十四世纪60年代中期，苏州的士风堕落愈发明显，一些富有学识的僧侣则在此时展现出正直的人品，这使高启意识到，这些僧人是值得交往的友人。他与姚广孝（也就是僧人道衍）的友谊在那些年里逐渐建立起来。当姚广孝决意落发出家，身着百衲僧衣、手持化缘钵盂时，高启并不会觉得无法理解。在赠答道衍的诗中，他写道："衍师本儒生，眉骨甚疏峭。轩然出人群……"①在这首充满着典故的长诗的剩余部分，高启对道衍极尽推崇：道衍曾身披儒服，研诵理学家周敦颐和邵雍的著作，却在此后遭逢动荡的年代，于是便在佛教中寻求智慧。高启赞扬了道衍的勇气、品格、学识和诗才，尽管他不过一介僧人，但其所具备的优点却让高启感佩万分，这足以使他们成为最亲密的挚友。在1370年，高启为道衍的诗集撰写了序文，②他没有像苏轼为勤上人的诗集作序时那样，刻意标榜这位同样学识渊博、才华出众的僧人；而是在序文里只提及了自己的诗歌理论，以及道衍作为诗人的杰出成就。高启甚至曾在写给道衍的诗中提及，对方作为诗人名气日盛，

① 《答衍师见赠》，见《青丘诗集》卷五，第18a—19b页。
② 《独庵集序》，见《凫藻集》卷二，第12a—b。

但作为僧人却应抛弃俗世虚名,以此调侃道衍的矛盾之处。这首诗的最后两联是:

> 昔向名林曾说法,今归旧院定安禅。
>
> 道心深悟俱浮幻,不奈诗名满世传。①

201

这种亲密的友谊很可能成功地消除了高启对佛教思想的所有陌生感。在南京时,高启曾在天界寺中寓居了一年,得以进一步用欣赏和包容的眼光观察寺院的生活,并结交当时一些重要的僧人。在元史馆中,备受高启敬重的主修官是著名的散文家宋濂,他对佛教思想极为熟谙,能以包容的儒家学者身份,谈论佛教哲学。在一次同与宋濂值夜翰林院时,高启为他写下了一首诗,诗中将宋濂比作王维。这一比况别有意味,因为王维在唐代作为佛教信徒和作为诗人学者的身份同样知名。② 在南京那段引人追忆的岁月里,高启对佛教思想的欣赏程度有所提升,这或许是出于他与宋濂的过从交往,也或许是出于他与当地僧人的直接接触。1369 年,高启在天界寺写下了《泐禅师室中晚坐》,诗题

---

① 《送衍师还相川》,见《青丘诗集》卷十五,第 13a 页。
② 《雪夜宿翰林院呈危宋二院长》,见《青丘诗集》卷十二,第 7b 页。

中提到的渤禅师是寺中最负盛名的僧人，甚至皇帝偶尔也会前去拜访。① 诗中描绘了一个傍晚的场景：

> 绿阴欲满寺，禽鸣春雨馀。
> 聊因简牍暇，窗下阅僧书。②

由此可知，高启与当时最有权势的佛教人物往来密切，可以去对方的僧舍中阅读佛教典籍。③ 因此，以高启在南京时的经历，当他从南京回到苏州之后，更多有学问的僧人成为了他的朋友，这也就不足为奇了。他曾在诗中记录下前去拜访僧人的经历："座近香炉朝听法，窗传钵韵夜谈诗。"④僧人们也常来拜访他。在给另一位僧友的诗里，他写道："几时西涧别，忽喜过家园。"⑤他还写过一首《送僧恬归灵隐》，这首诗的最后四句展示了高启对于佛教的深刻理解：

---

① 关于释宗渤的小传，可参阅：《金陵梵刹志》卷十六，第 22b 页；关于姚广孝与天界寺的相关记录，可参阅第 5b 页及之后数页。
② 《青丘诗集》卷十六，第 14a 页。又有《次韵灵隐复见心长老见寄兼简渤禅师》，见《青丘诗集》卷十五，第 2b 页。
③ 在《送联书记东归》中，高启谈到他与天界寺的僧人一起阅读佛经，诗中使用了非常类似的表述。见《青丘诗集》卷七，第 3b 页。
④ 《送基上人希载赴天界》，见《青丘诗集》卷十四，第 20b 页。
⑤ 《喜了上人见过》，见《青丘诗集》卷十二，第 16b 页。

> 钟催投寺锡，灯照泊江船。
>
> 法意休多问，无言即是禅。①

禅意正是高启所包容和欣赏的。也许短诗《访因师而师适诣余两不相值》最能体现出高启与学识渊博的僧友之间的交际：

> 我去寻幽院，师来访小园。
>
> 休言不相见，相见本无言。②

203

　　在离开南京之后的这几年里，高启社交圈的氛围与十年前那充满活力的社交圈完全不同，当年，他还可以与友人们满怀期待地讨论名誉与荣耀、政治与战争。无论从何种角度来看，高启现在彻底自由了。他从朝廷生活的险恶陷阱中解脱出来，可以自在地悠游于他所钟爱的苏州周边的宁静乡村。他摆脱了无法实现自身抱负的痛苦，也摆脱了年轻时对自我本性与世界本质的幻想。佛教的智慧并没有为高启带来自由；他仍然忠于自己的文化传统，但他对佛教的理解日益深刻，也进一步确证了能够带他走向自由的真理。

---

① 《青丘诗集》卷十二，第 20b 页。
② 《青丘诗集》卷十六，第 16b 页。

# 第八章
## "流 槎"

高启心中有着一个哀怨的念头,当他于 1370 年返回苏州之后,这个念头一直暗暗侵蚀着他的优游生活;实际上,这个念头已经潜伏在他心中很多年了。很可能是在南京时,他写下了一首《卧病夜闻邻儿读书》:

> 月淡梧桐雨后天,伊吾声在北窗前。
> 谁知邻馆无儿客,病里听来转不眠。①

离家在外,孤独多病,高启担心自己没有儿子继承家世,这使他十分沮丧。当时他已经有两个女儿,次女在

---

① 《青丘诗集》卷十八,第 12b 页。

1367 年病故，不过在此前不久，最小的幼女已经出生。[①] 高启是一位慈爱的父亲，但基于遵从孝道的压力，他无疑希望自己还能得一子。一次，高启在好友杨基的家中做客，看到杨基未满三岁的稚子在客人面前吟诵父亲的诗作，他以此为杨基写下了一首诗：

> 怜君大器有佳儿，三岁还能诵父诗。
> 宾客见来谁不喜，我身回顾却成悲。[②]

205

友人自然能够明白这种悲哀。朋友中一位名为雪海的道士曾送给高启一幅绘有道家仙人的画像，据说苏洵曾向仙人祈求得子，并且心愿得偿，有了两个儿子，即著名的诗人苏轼和苏辙。高启未必对这幅画的功效抱有信心，但他仍被其心意所感动，并赋诗以示感激之情。这首长诗中充满了复杂的典故：

> 我年已及壮，吉梦未兆熊。

① 《仆至得二女消息》一诗中提到了两个女儿在 1369 到 1370 年间的状况，见《青丘诗集》卷七，第 4a 页。下文援引的《余未有嗣雪海道人以张仙画像见赠盖苏老泉尝祷而得二子者予感其意因赋诗以谢》诗中提到了自己的三个女儿，这样应该能够确定，这首诗是作于 1367 年次女去世之前。
② 《赠杨孟载儿阿称》，见《青丘诗集》卷十八，第 24a 页。

　　　　虽有三女儿，岂足慰乃公。

　　　　每闻邻家子，夜雨诵经史。

　　　　起坐秋灯前，顾影长嗟不能止。

　　　　道人念我书无传，画图卷赠成都仙。

　　　　云昔苏夫子，建之玉局祷甚虔。

　　　　乃生五色两凤鹓，和鸣上下遂与夫子相联翩。

　　　　劝我勤礼之，当有明珠出深渊。

　　　　我感道人意，捧觞拜其前。

　　　　君不见，东家翁，力耕积多田。

　　　　平生辛苦立门户，两儿弃掷如浮烟。

　　　　恶儿亦何须，愿得一子贤。

　　　　上以承吾宗，下以与吾玄。

206　　　　仙乎有验看明年，请君更赋悬弧篇。①

　　从最后一句或许可以猜到，高启的道士朋友也是一位诗人。"悬弧"的典故是指古时的一种习俗，即将一张弓悬挂于大门左侧，以示家中生男。

　　直到 1373 年，高启盼望已久的儿子终于降生。此事发生在赠送画像的六七年之后，看来道教的法术当时并没有即刻奏效。高启给儿子取名为"祖授"。高启

---

① 　《余未有嗣雪海道人以张仙画像见赠盖苏老泉尝祷而得二子者予感其意因赋诗以谢》，见《青丘诗集》卷十一，第 13b—14a 页。

得到了完美的幸福感。他为此写下了一首诗并附以小序,喜悦之情溢于言表:

## 子祖授生

原引:二月二日,子祖授生。其母尝梦一姥跪捧以献,孕而既生。太守魏公来贺,闻其啼,甚奇之。余年三十八岁,始有是儿,不能无喜,故赋诗。

他日愚贤未可知,眼前聊复慰衰迟。

人间豚犬应谁子,天上麒麟岂我儿。

梦兆先占神媪送,啼声还得使君奇。

乐天从此休长叹,已有人传柏匮诗。①

"乐天"即唐朝诗人白居易;和高启一样,他也曾哀叹着想有一子,却一直没能如愿。白居易在一首诗里写道,自己将诗作锁在了由坚实的柏木制成的柜子里,他敦促自己的外孙们承担起保存这些作品的责任。②

一场梦中出现的吉兆预见了高启之子的降生;知府魏观被这个男婴的啼哭声所惊讶,认为这个孩子将会与众不同。然而果真如此吗?事与愿违的是,这一

① 《青丘诗集》卷十五,第 9b—10a 页。
② 译者注:参见白居易的《题文集匮》一诗。此诗首二句为"破柏作书匮,匮牢柏复坚",末二句为"只应分付女,留与外孙传"。

吉兆后来演变为了悲剧：孩子最终不幸夭折；①知府魏观则牵累了高启和王彝，三人在不到两年的时间里相继离世。

魏观是明朝初年的重要人物之一。早在元末的动荡时期，他便以知名的隐退士大夫的身份，生活在长江流域中部的武昌附近。1365年，当家乡被明军征服时，他复被朝廷征召。魏观在朝中的数个职位上都表现出色，因此官职升迁得很快。1368年，他成为太子及其他皇子的老师，后又在礼部任职，专事考订古时的正统礼制。② 魏观曾两度被派往刚刚收服的地区，寻访有能力的隐逸学者，这些人有机会被新的大明朝廷所招揽，而魏观推举的人选几乎总是被采纳。不过，他最感兴趣的还是礼制，这也是当时朝中最重要的任务之一。明初，为了标举政权的正当性与正统性，制定并规范事务规程，朝廷花费了大量的精力考索并规范礼仪制度。蒙古人在维护古代礼仪的形式与意涵方面一直是很松懈且有所缺陷的；为了拨正蒙古人的错误行为，也为了

---

① 不过，他是晚于其父高启而离世的。

② 译者注：此处"礼部"或为"太常寺"。按《明史·魏观传》："洪武元年建大本堂，命侍太子说书，及授诸王经。……三年转太常卿，考订诸祀典。"魏观任正六品礼部主事是在洪武四年（1371）被贬复被召回之后，而其考订礼制应是在任正三品太常卿时。

响应国家复兴应有的积极情绪与进取精神,朝廷相继成立了一系列官署,考征、进荐并编修与礼法相关的典籍。魏观便曾在其中几个官署内任职。朱元璋很容易对自己的文臣心生猜忌,因为他们能够利用古时的文化知识来左右朝廷的决策;如此一来,官员们就拥有了对抗皇权的能力,这令皇帝很反感,却不能完全无视。

魏观个人影响力的另一来源,是经他选拔登科的官员可能会对他个人保持忠诚,尤其是那些在 1371 年廷试中被选出的官员,因为魏观正是那次科考的主考官。① 其实没有证据表明他试图拉帮结派、自成一党,而且他对这种朝堂政治也没有任何兴趣。但是,朝中那些欲与魏观一争高位的野心家们并没有忽略他在这方面的潜力,而多疑的皇帝也不会忽视任何能使臣子扩大个人权力的契机。因此在 1371 年,当魏观不合时宜地奏报考祀孔子之礼时,朝廷很快便注意到了其中的细节纰漏,而皇帝则乐意借此机会"杀鸡儆猴"。于是,魏观被贬为龙南知县,龙南是江西南部一个无足轻重的小县。然而此后不久,他又被召回朝廷,再次被派

209

① 译者注:廷试是由皇帝主持的考试,负责阅卷的官员因其负有为皇帝读卷以供其钦定一甲三名的职责,故而被称为读卷官。洪武四年(1371)廷试,时任国子监祭酒的魏观即为四位读卷官之一。

往礼部出任要职。①

　　1372 年,一位廷臣向皇帝进言,称魏观真正的才能在于治理地方,应当派遣他去一些偏远的地区任职。这一年的农历三月,魏观出任苏州知府。这是一个重要的职位,因为苏州府的赋税为天下之最;而不久之前,它还是敌对政权的腹心所在,这里的百姓一直忠诚地支持着张士诚政权对抗明军。在新的明朝行政体系中,苏州府被置于中央行政机构的直接管辖之下,而非隶属于某一地方行省。对于这一重要的地方行政职位,朝廷需要一个特别的人来仔细监视反明情绪和反明组织的残余迹象,同时为这一最富庶的农业地区带来高水平的文化发展,从而使众多的文人士子全心全意地支持新王朝的事业。前任知府的履职时间只有一年,由于朝廷有意惩罚性地剥削当地百姓,知府在治政的过程中变本加厉,进而激起危险的民变,他在被朝廷召回后遭到了惩处。② 因

---

① 按《明史稿·魏观传》中的记载,魏观甚至还没有到任龙南县就被朝廷召回,见《明史稿》卷一百二十四,第 12a 页。《太祖实录》中也作如此记载,见《太祖实录》卷八十"洪武六年三月乙卯"条,第 4a 页。

② 译者注：据《(正德)姑苏志》卷三"古今守令表",在魏观之前的苏州知府为吴懋,"洪武四年九月除,坐民讼田土事,降别府通判",履任时间仅为半年。作者文中所描述的前任知府,似为在吴懋之前任职的丁士梅,他在洪武四年(1371)出知苏州,"后以索取民财事,逮赴京师"。

此,南京政权急于派遣一位新的知府,他在执行朝廷政策时也要同样积极,但他还需要得到苏州权贵阶层的尊重,而且得到全体百姓的爱戴,或者至少得到他们的接纳。当时,魏观年过六十,以学识淹博、为人正直而闻名;他并非出身苏州,也并非从最初便追随这一政权。令人敬畏的新皇帝明确地嘉奖过魏观,也明确地责备过他,而魏观已经证明自己是富有魄力且忠诚不贰的执政者。再没有人比魏观更适合这一关键的职位。

魏观治理苏州取得了巨大的成功。在赴任一年后的 1373 年农历三月,他被提拔为四川行省参知政事;但苏州百姓爱戴魏观,极力向皇帝请命,要求魏观留任此地;最终,他们的乞留得到了准许。① 也是在这一年三月,魏观回到了苏州,他在京城等待朝廷任命只用了十几天的时间。此后,他又在苏州履职一年,直到 1374 年农历三月。

① 事见《太祖实录》卷八十,"洪武六年三月乙卯"条;此处也记载了魏观的仕宦履历。在洪武七年的《太祖实录》中并没有提及魏观的罪行与处决,也没有提到高启的相关信息,这或许可以解释为什么在洪武六年的记载中要写入魏观的传记信息。在涉及魏观留任苏州一事上,《太祖实录》并没有言及苏州百姓的请愿,只是记录了"上以苏州大郡,政务繁剧,非其人不可使理,于是复命观还郡"。见《太祖实录》卷八十,"洪武六年三月乙卯"条,第 4a 页。

我们有必要了解一下，魏观在担任苏州知府的那两年里到底做出了哪些政绩，使他不仅赢得了当地百姓的信任，同时也实现了南京政府的目的。南京方面对苏州的态度并不仁慈。在执政初期，朱元璋将赋税减免作为对南京周边各县的奖励，因为在这十二年中，南京周边地区支持了他的运动，让他慢慢发展，从红巾军叛乱的小分支，变成了一个自称"天命"、统御宇内的政权。同时，对于自己出身的淮河流域那些饱受干旱和战乱摧残的地区，朱元璋也予以赋税减免，至于那些一直被蒙古人统治的更北方的地区也同样如此。但是，东南三角洲是"臭名昭著"的富裕地区。在十四世纪 60 年代中期，朱元璋曾轻蔑地谈及张士诚，称其在长江以南、太湖以东的富饶之地所积累的财富，实际会成为他的弱点；他依赖于物富财丰，却未能建立起有纪律的组织。① 此外，张士诚偏爱富人阶层，而富人阶层也倾向于支持他。他的叛乱政权负隅顽抗，最后明军长期围困苏州，主力部队和将军们被牵制长达一年之久。在朱元璋眼中，这代表着堕落的士绅与狂妄的贼首狼狈为奸，而后者尤为危险。苏州承受了整个明朝

① 译者注：《太祖实录》卷二十五，"吴元年八月己丑"条："上谓群臣曰：'张士诚，吾本欲生全之，但其为人刚悻无识……乃骄侈自娱，不念民艰；其下又无忠谋，卒以诡谲取败。'"

建国运动的愤懑,因为最令人恼火的是,苏州拖延了明朝最后冲向胜利的进程。

不仅如此,苏州在许多方面都与朝廷相对立。朱元璋出身长江以北最贫苦的地区,是粗鲁鄙陋、未受教育的农民;而苏州是长江以南文雅的大都市,在十四世纪中叶,有识之士多聚集于此,在艰难的时期也能维持着精致的文化生活方式,尤其是抵御红巾叛贼的威胁。在皇帝明显有所缺陷的各个方面,苏州都拥有着优越的象征意义,这激起了帝王的自卑情结,引发了强烈的敌意。因此,皇帝专门针对苏州设计了惩罚措施。朱元璋将数万名苏州士绅放逐到自己的家乡,让他们品味自己年轻时的艰辛生活。张士诚在兵败的最后一刻烧毁了征收赋税的鱼鳞图册,借以阻碍新政权接管苏州,朱元璋发现后即下令"按私租簿为税额",税额是同级地区的两倍乃至更多,以中国历史上最高的赋税惩罚包括苏州府在内的其他四府。仅仅苏州一府便抵得上许多行省的所有税收。①

然而,尽管这些措施大多出于皇帝刻意的惩罚和

①　然而,朝廷注意到了农事欠佳,在1373年至1374年的冬春暂时放宽了苏州和周边州县的税收配额,并在1374年农历五月下令审查并减少那里的一些税收计划。见《太祖实录》卷八十九,"洪武七年五月癸巳"条,第3a—b页。这些临时措施可能反映了地方短暂的经济危机,但这基本没有改变惩处性的征税模式。

恐吓，客观上看，这些措施在政治上依旧非常精明。皇帝并不准备向中华文明价值观开战，尽管他憎恨的苏州正体现了这种价值观。即使是一个凶悍的暴君，朱元璋在许多方面都是一个明智的皇帝；他是一个有远见的人，尽管狭隘的指责和暴虐的激情经常会掩盖他的远见；晚年的他可能变得有些精神失常。朱元璋是一个非常复杂的人，无法用一句话来概括，也无法进行肤浅的心理分析。当他从一个目不识丁的农民转变成受过一定教育、具备执政经验的皇帝时，他完全接受了中华文明的价值观，与士人官僚们有着相同的目标，并以自己的方式珍视着这个目标。朱元璋对国家的期待和士人们一样，唯一不同的是，他想要捍卫自己的地位，并且顺利地传位于后世子孙，即使不是像朝堂礼仪中所称的"万万岁"，至少也要在可预见的几代人和几百年内维持其统治。而且他清楚地认识到，在中国进行统治意味着要分享权力，要与那些通过经济资源获得教育的士人阶层分享权力。魏观在苏州的任务是保证税收，同时也要安抚曾经敌对的吴地百姓，使他们感到如今的新王朝顺天应人、持盈守成、知人善用。朱元璋虽是暴君，却也理解并接受这些事情，将其视为自己的责任。学识渊博的魏观能够阐明并维护这些理念，在担任知府的任期内，他有力地证明了皇帝、国家和苏

213

州百姓的共同目标能够实现。除了先例与手段之外，魏观还倚仗身边一些富有才干的人。

高启在南京时便与魏观相识，在元史馆时还是其下属。严格来说，元史馆隶属于魏观所在的礼部，因此在提及魏观时，高启总是将其视为官长。[1] 如今，魏观也急于重建这段关系。1372 年到任苏州后不久，他便拜访了高启；尽管比对方年长二十余岁，而且是当地政府的最高官员，但他仍以尊敬的态度和真挚的友谊对待高启，这使高启无法拒绝为他提供帮助。魏观有计划地搜罗了一批博学多才之士，使他们致力于共同的事业。王行与王彝均被魏观纳入麾下；高启的旧交张羽也被招徕，自张士诚落败后，他一直寓居杭州。除此之外，还有很多人也在征召之列。北宋著名哲学家的后裔周南老受聘协助知府处理学务。[2] 学者、前朝官员和一些受到社会尊重的人，都会得到魏观的推举，或为其顾问，或为其幕僚。令人赞叹的性情气质和人格魅力使魏观在延揽本地士人时大获成功。

214

---

① 《魏夫人宋氏墓志铭》，见《凫藻集》卷五，第 15a—16a 页。译者注：按史馆隶属翰林院，与礼部并无直属关系。高启《魏夫人宋氏墓志铭》中作："公昔掌国史，启尝为其属。"洪武初，魏观曾任翰林院侍读学士，掌讲读经史，高启所言应基于此。
② "周南老"也作"周南"，与其同时代的人在行文时似乎更倾向以"周南老"来称呼他。

魏观给他们指派的任务是协助恢复文化古礼的形制与规程。由于蒙古统治九十年的暴政与匪寇横行造成的混乱，这些传统已被破坏殆尽。民风败坏，人们抛弃了传统的价值观；公德沦丧，人民必须要重新接受教育。人们的家庭习俗受到了粗暴的蒙古习俗的影响，变得越来越糟。婚姻丧葬的形式，吊祭祖先的仪规，对待宗族族长、乡贤耆旧、新朝官员的礼节，几乎都消失殆尽。这些礼法必须重建，并应树立为典范以供世人效仿。教化的衰败要归咎于刚刚过去的混乱年代，因为教育在当时无法带来任何回报。必须重建学校，尤其必须恢复"学仪"，使士人意识到教育的尊严与严肃的目的，他们要为自己的国家与文化服务。像高启等当地学者必须协助考订旧有的礼法，制定出复振古礼的适当方式，并在重新践行的时候参与其中。魏观可以唤起他们身为儒士的责任感和使命感，使他们体会到创造社会福祉的成就感。他们意识到，苏州作为文化中心有着光荣的传统，这里是昔日帝国汇聚英才的宝地，这让他们对于自己的工作充满热情。在数十年令人沮丧的经历之后，士人们追求一个共同目标的感觉再次出现，共同努力的兴奋感驱散了长期以来像雾霾一样笼罩着该地区的倦怠感与忧惧感。魏观是一位作为地方领袖，魏观使苏州地区重新恢复了活力，并在仅仅履职一年后便获得升迁。毫无疑问,苏州百姓对此感到不满,因此他们请求皇帝让魏观留任,以便他继续执行当年那些行之有效的政策。

　　传统的史学家将恢复古老的"乡饮酒礼"看作是魏观最突出的一项政绩。1373 年农历五月,礼部确定了这一礼仪的定式,命地方政府在儒学学官的指导下,与当地德高望重的长者一起推行此礼。[①] 魏观在前往苏州任职之前,已经通过礼部的同僚闻知此事;这是朝廷正在考订的诸多礼仪细目之一,而且很快就会颁诏。[②] 苏州府很可能是全国第一个恢复"乡饮酒礼"的地区,这一古礼至少已被荒废了近一个世纪。礼部的诏令规定,每年正月和十月举办"乡饮酒礼",由当地政府的主政官在公开场所主持;其他仪式则在下辖的各个地区举行,由当地的政府代表主持,实则通常由村里的长者或是课税的官吏代为主持。在各个州县,仪式需要在"庠"里举行,由地方学官主持。在更小的地方,仪式设于当地书院,由退休的官员或其他学高名重的

216

---

① 《明史》卷五十六,第 9a—11a 页。

② 1369 年农历八月,皇帝敕中书省诏儒臣修纂礼书,作为工朝所有礼制的标准。一年后,《大明集礼》成书,其中"嘉礼"下即有一项条目为"乡饮酒"。见《太祖实录》卷五十六,"洪武三年九月"条,第 14a—b 页。然而直到 1373 年,才出现了关于践行这一礼仪的具体指示。

人督行。

"乡饮酒礼"的目的是向作为贵宾的本地长者致敬，并公开展示礼仪的全过程；另外的目的则是向民众宣讲与其息息相关的法律事项。官员列席，老人依齿序就座，第一件事便是读律，通常是刑律的节略版本。而后即为宴会，以长幼尊卑决定"供馈"的次序，这需要花费不少时间。官方给出的礼仪定式指出，宴会的主旨并不在于肴馔与酒醴，但是在明代作家的记录中，食饮绝对不容忽视。当时一位作者描述到："九十、八十、七十者坐以齿，盛升降揖让拜俯周旋之仪，献酬有容，读法胥告，观者如堵墙，莫不感化翕然。已而醉者扶，归者歌，鬑白欣欣，笑言载途。乡士大夫纪其事而咏之。"[1]作者还援引了明初倡导推行此礼之人对礼俗效果的乐观描述："使乡乡如《无逸》，则古礼不难复，而况孝弟可兴，风俗可厚。"[2]但这样的仪式真的能改变社会吗？能使百姓知晓礼节、提高道德标准、改善风俗教化吗？或许我们对此尚有怀疑，但对生活在十四世纪、成

---

[1] 原文见叶盛：《水东日记》。节选的版本见《纪录汇编》卷一百四十一，第 8b—9a 页。

[2] 同上，第 9b 页。后世关于"乡饮酒礼"的重要讨论表明，这一礼仪在十九世纪已经基本丧失了意义与功能，这或许是对以上引文所表达的乐观观点的一些质疑。见萧公权：《中国乡村》(1960 年)，第 208—220 页。

长于儒家传统的中国人而言,很容易对此抱有真诚的态度。这正是高启身处的那个世界的理想化形态;这些是可以实现的理想,是可以运作的制度。在历史事实面前,我们很难对此予以否定。

1373年,魏观首次以整个苏州府的名义举行"乡饮酒礼",以此作为范例,鼓励该府下辖七个县的所有地区践行这一礼仪。为此,他不遗余力地邀请了各县各乡中年寿最长、最受尊敬的人,其中最尊贵的客人是出生于宋代、已有一百零五岁的一位老人,[①]以此来展示新时代与那令人尊敬的前朝之间生动的联结。在他生活的宋代,经典的"乡饮酒礼"犹能按期举行。仪式结束后,这位老人准备离城返家,他的家在苏州城东七十二里的昆山县。魏观谦逊地将其亲自护送到郊外,恭敬地躬身相送,并在那里正式作别。这一仪式成为苏州地区历史上的大事件,这位老人的亲属后来在家中专门修建了"世寿堂",用以纪念这一高尚的盛典。一部撰于晚明的史书以"礼教兴洽"一词总结了魏观兴举这一古礼的成效,[②]并在其后提到魏观"课绩最天下"。

218

---

① 译者注:据王彝《乡饮酒碑》:"又特位三老人,曰昆山周寿谊,年百有十岁。"老人周寿谊生于南宋景定五年(1264),魏观行"乡饮酒礼"时,应为一百一十岁。

② 《名山藏》卷六十一"臣林记",第8a页,魏观传。

这两种评价成为后世史书述及魏观政绩时的标准用语。这两个方面的政绩并非毫无关联——这既不是在指责魏观愤世嫉俗，也不是在指责魏观是无情的专制工具——魏观已经意识到，知府任上的各项行政事务存有潜在的关联。

在魏观知苏州府的那些年，高启刚刚搬回苏州城近郊，开始积极地参与友人们组织的活动，融入都市的社交生活。在两年之前，他自然没有预料到会与魏观结下这段友谊，也没有预料到魏观会坚持让自己加入苏州的社交圈，这些人对于苏州府署的重建起着重要的作用。当时的高启带着尊严与荣誉逃离了南京，但是他的心中或许仍留有一定的反感与恐惧。离开南京意味着放弃公共生活，这使他付出了很大的代价，并迫使他重新审视自己长期以来珍视的所有理念。消极的一面是，高启发现自己确实能够放弃所有的目标，这些目标之所以在艰难的岁月里未曾受到质疑，正是因为它们无法实现。他对自己有了新的认知，也对自己诗人的身份有了新的理解，在自我剖析的过程中他意识到，仕宦的纯粹价值并不是美好生活的必要条件。但积极的一面是，在魏观强有力的影响之下，高启现在发现，他肩负了一些至关重要的且能赋予他满足感的责任，他无须向官场妥协，身心依然自由，这些责任需要

219

他更充分地实现自己的价值,而不再是过着隐逸诗人般的消极生活。高启平生所追求的英雄事业再次浮现,英雄角色正在被重新定义,但在新的形势下,这仍然可以与他早年间高尚的冲动相提并论,而正是那种高尚的冲动曾使他产生了浪漫的自我认知。作为一个行动派,中华文化传统中消极处世的智慧使高启永远无法拥有长久的满足感。在他的经历中,离开南京严重地打击了他的信仰,但即便是在离开南京之后,他也无法在理想化的隐居状态下虚度超过一年的时间。"朝餐摘我菽,暮餐芼我葵",这些纵使都是从自己的菜圃里采摘而来,也逐渐变成了寡淡乏味的蔬食。高启积极入世的意愿无法被长期掩抑,正如《易经》"蛊"卦中所描述的"君子"的责任:

君子以振民育德。

中华文化传统与高启自身的天性仍然引导着他,要求他成为一个"君子"。魏观正在展示"振民育德"的方式。高启必须参与这项英雄般的活动。即便是自愿隐退的孔门儒士,也可以通过顽强的努力克服腐败与堕落,协助天下恢复秩序。一旦高启在魏观的帮助下认识到这一新的表现形式,他便自然会接受这样的身份,也必然会被其所吸引。

后世某些虚构的稗官野史中曾提到，魏观的关切使高启感到烦扰，他宁愿保持孤高的姿态。如果情况确实如此，那便很难理解高启为何会留在魏观身边。如果高启对这层关系感到不悦，那他又何必于 1373 年再次迁回苏州城内？高启曾从俗世中脱身而去，只要他愿意，他自然仍有办法再次抽离。这些虚构的历史叙述还有些更不可信的论述，例如高启做过一个梦，梦见一位神仙出现在他面前，手中拿着一张警示字条，上面写着一个"魏"字，或是一个"苏"字，这是为了告诫高启要躲避那些可能威胁到其生命的事情。① 像这样的材料应该不予取采，毕竟预兆与谶言惯为小说家所喜爱，而这不过是其中的典型一例。无论是与魏观交游往来，还是日常地参与其治理工作，高启都不曾展现出丝毫"不得已"的意思。相反，可以想见的是，高启在加入了魏观着力推进的伟大事业后，他接受了自己的新身份，这让他同时拥有了信念和满足感。

高启在两篇文章和一首长诗里都直接提到了魏

---

① 译者注：见《青丘诗集》附录"杂记"，第 1b、2b 页。原始文献中实为两则材料，一作"梦父书其掌，作一'魏'字，云慎与相见"，一作"梦一人执其手，书一'苏'字，嘱之后凡苏姓者皆不接见"。为求行文简洁，作者将这两则不同的材料合在一起进行表述。

观,对其钦佩之情在现存的这三篇作品中得到了清晰
地表露。在《魏夫人宋氏墓志铭》一文里,魏观在漫长
而亲密的交谈中向高启讲述了母亲的生平和自己年轻
时的事迹,恳请他为母亲宋氏撰写墓志,彰其懿行。这
一请求让高启深感荣幸,因为这体现出魏观对他极为
尊重。以魏观的身份而言,他理应向自己的同辈或是
前辈、抑或是比高启更加声名显赫的人提出这样的请
求。高启谦虚地接受了这一委托,在惯常的言语客套
之后,他将更多的笔墨赋予了魏观对儒学的深刻理解,
这使魏观在新的朝廷中荣膺高位。[1] 魏观赏识高启过
人的才华,而高启也真诚地仰慕魏观。他的《魏使君见
示吕忠肃公旧赠诗因赋》一诗亦是他们亲密往来、促膝
长谈的见证,魏观曾将二十多年前著名诗人吕思诚赠
予自己的诗作拿给高启看。[2] 在十四世纪 50 年代中
期,吕思诚曾在武昌担任湖广行省左丞;魏观也是湖广
人,当时正隐居读书。因此,他们二人相识并有诗歌唱
和。吕思诚素以刚直勇毅而闻名,他的亲笔诗成为魏
观珍藏的纪念,而魏观也一定非常自豪地将这些诗作
展示给高启看,向善解人意的友人讲述自己如何在元
朝灭亡的动荡年代里结识了这位无畏正直的吕左丞。

———————————

[1] 《凫藻集》卷五,第 15a—16a 页。
[2] 关于吕思诚的传记,可参阅《元史》卷一百八十五,第 1a—6a 页。

221

　　高启在这首诗中暗示，吕思诚也认识到了魏观的伟大品质。诗中进而赞扬魏观为德才兼备之人，在明朝的统治下，他"身名正辉赫"，这是对其价值的公正认可。高启特别称许魏观在"友道"方面的坚贞美德，认为他的品性没有被元末衰敝的流俗所玷污，而是彰显出自己的高标，使世人意识到儒家道德的高尚。① 另一篇为魏观所作的文章是《跋吕忠肃与魏太常唱和诗后》，内容与上一首诗类似。② 高启认为魏观是一位伟人。由于魏观重新发掘了儒家学者崇高的准则与应尽的责任，高启将魏观看作是自己的导师。这样的态度使高启的生活恢复了一些乐趣。当他以为自己已经被迫放弃了人生目标的时候，这种态度又为他的生活带来了新的目标。他的儒家良知因当前的生活形式而得以满足，他的内心生出积极的向往，而不再是一味地逃避。

　　在这一时期，高启还写下了一篇《劝农文》，这表明他曾参与过魏观的治理工作。这篇文章的主题由来已久，阐述了儒家政治思想中"以农为本"的基本原则。魏观面临的最严重的问题之一便是恢复农业经济，这不仅因为田赋是国家财政实力的基础，更是因为农耕

---

① 《青丘诗集》卷四，第 13a—14a 页。
② 《凫藻集》卷四，第 11b—12a 页。

被视为唯一的生产活动,是百姓的本职,农业生产确保了经济与社会的稳定,确保了健康的生活方式,并且让百姓远离那些低级趣味,例如脱离家庭、逃避社会责任,或是对公共利益毫无贡献。在混乱的元末,叛军的肆虐与明军的攻伐都使苏州地区大量的农户流离失所。城市里到处都是游手好闲、寻衅滋事的人,而田地则空空如也。高启在《劝农文》中没有点明魏观的名字,但显然提到了他为"敦本厚俗"所作的努力,这在儒家的说法中就是指农业生产:

> 春雨布泽,东作伊始。太守躬驾于郊,以敦本厚俗之道,劝尔民职也。然不欲广引旧谈,姑以今日之事直相告语,尔民其敬听之:
>
> 夫上立法以卫民,民出力以供上,古今常理也。皇上翦除暴乱,开建太平,使尔民得脱锋镝,操耒耜以安畎亩之中。又念稼穑之艰,每岁亲耕籍田,①复召父老廷对宣谕,唯恐尔民荒逸惰游以陷于罪,德甚厚也。近者兼并之家,不能体上此

① 典出《诗经·周颂·载芟》的毛诗序。当时"籍田"一词通常被解释为"借用(民力)的田地",天子亲自在田中示范性地耕种,这既象征着天子和国家依赖于"借"民力以治,也象征着农业作为立国根基的崇高地位。明朝统治者自开国之初便遵奉了这一古老的仪式。

意，或肆侵剥，使尔民有委弃其业者；情虽可矜，然轻去田里，以乏父母之养，阙公上之赋，其责亦何所归哉？故愿尔民相告于乡，令去者归、居者安，修尔堤防，浚尔沟洫，力不足则相周，器不备则相假，各劝播植，以待有秋。毋坐失其时，贻后悔也。更能毋作奸、毋逐末、①毋好饮博、毋事斗讼、毋弗顺于父兄、毋或干于乡里，家给人足，礼作义修，以无愧于泰伯②过化之邦，岂不美欤！太守虽老，按堵观俗，以行赏黜，尔民宜相与勉焉。③

这篇恳切的劝告用优雅的短语写成，充满了博学的典故。文章表面上是写给农民们的，但其实他们并不能读懂，甚至是将其念给农民们听时，他们也无法理解。高启当然知晓这一点。他写下这样一篇文章的用意恰恰是因为他能够接触到一小部分人，通过他们可以使这篇文章预期产生的影响渗透到各地的村庄。文中特别提到了元末地主的兼并与侵剥，众所周知，新的大明政权意在消除这些弊端。文章告诫地主不得滥用

①　例如行商。
②　泰伯是西周先王周太王之子，素有德行，统治吴地，为这一地区带来了变革性的影响，因此受到吴地百姓的尊奉。
③　《凫藻集》卷五，第5b页。

租约,还间接地威胁他们,一旦滥用租约便会被曝光、惩罚。这篇文章名义上是面向淳朴勤劳的农民,但是将会由文化精英阶层代为传达,其中既包括大多数的地主,也包括所有的官员和学者。精英阶层被要求共同监督乡村道德风气的复兴,在正当的统治之下恢复和平繁盛的乡村面貌。高启本就是家财微薄的小地主,亲友近邻们有些比他家境富裕,有些则比他更为落魄。此外,高启还是一位受人尊敬的社会人士。在那位充满活力且诚实的知府的支持下,像高启这样的人可以做很多事情来指明人们心中的共同目标和宗旨,也可以帮助人们建立对于良好政府的信任态度。没有人能够更优雅、更有效地书写出这种劝说文章,高启参与的是当时亟须的重要行政工作。作为魏观的友人和备受尊重的下属,高启自发、自愿、全心全意地投入了魏观的工作中,而且毫无疑问,高启心中有着强烈的满足感。

尽管高启对自己的身份感到满意,也热衷于参与新的社会活动,但他并没有过上简单幸福的生活。他仍是有思想的诗人,有着复杂的情绪和深刻的感悟,对世界中的一切刺激都十分敏感,许多事情都会引起他的同情与悲伤、愤怒与烦躁。在哲学层面,高启相信命运决定了自己的生活,当然,这并不是指在形式上支配他的日常事务,而是指限制了他的活动范围与行动潜力。他注定不会成为伟大的官员,命运注定了他如今卑微而不讨好的角色。高启对命运的理解补充了他的自然观,在他看来,天地运行自有其规律。当看到一根浮槎时,他写道:

> 子不观夫槎乎? 众槎之流,同寄于水也,而洄薄荡汩,或沦于泥沙,或栖于洲渚,或为渔樵之所薪,或为虫蚁之所蠹,或乘洪涛东入于海,茫洋浩汗,莫得知其所极。

高启问道:"人之生而系命于天者,亦何异是哉?"人的命运由上天决定。在高启的哲学术语中,天与自然是同义的。他继续以江上的浮槎展开类比:

> 夫林林而立者皆人也,而有贵为王公,有贱为舆隶,有富有千驷,有贫不能饱一箪,亦有一人之身而始困终亨,前兴后仆,变迁无常而蓼轕不齐者,非天孰使之然? 天虽使之,而岂有意哉? 磅礴细缊,厚薄随其所得,与人漠然,而人自不能违尔。世之不安乎天者,乃疲智力以营所欲,悲失喜得,而卒不知得失之不在己也,非惑欤!

高启早前曾将自己的书房取名为"槎轩",门上悬一牌匾,匾上的题字出自他在南京元史馆时的友人名儒宋濂。这篇《槎轩记》写于 1373 年,当时他从南郊搬入苏州城,将这块牌匾挂在书房内。许多过访的客人曾询问其含义,高启在文章的结尾解释道:

227

> 此予所以有感于槎而取以名轩也。且子又不观夫水与天乎?其奔湃也随地形而成,其旋运也乘气机而动,二者犹不能自任,而况槎与人乎?若予,天地间一槎也。其行其止,往者既知之矣,来者吾何所计哉?亦安乎天而已矣。顾吾槎方止,幸不为薪且蠹,则是轩者,其沦栖之地乎?
>
> 既对客,遂书于壁以自厉。①

正因高启对人生和世界抱有这种顺其自然,甚至是有些宿命论的理解,才使他满足于解决基本的自我认知问题,而这也为他的儒家乐观主义和对人生意义的追求留出了空间,并且使他得以兼有忧郁或快乐的情绪。高启很清楚,忧思是诗人的专长,他的很多诗作都在专注于对"愁"的阐释:它从何而来,又如何消解。

———

① 《凫藻集》卷一,第 9b—10b 页。

其中最好的一首《我愁从何来》可以追溯到他从南京回来的第二年：

228

> 我愁从何来？秋至忽见之。
>
> 欲言竟难名，泯然聊自知。
>
> 汲汲岂畏老，栖栖讵嗟卑。
>
> 既非贫士叹，宁是迁客悲。
>
> 谓在念归日，故乡未曾离。
>
> 谓当送别处，亲爱元无暌。
>
> 初将比蔓草，夕露不可萎。
>
> 又将比烟雾，秋风未能披。
>
> 蔼然心目间，来速去苦迟。
>
> 借问有此愁，于今几何时。
>
> 昔宅西涧滨，尚乐山水奇。
>
> 兹还东园中，重叹草木衰。
>
> 闲居谁我顾，惟有愁相随。
>
> 世人多自欢，游宴方未疲。
>
> 而我独怀此，徘徊自何为？①

自从 1371 年搬回邻近友人和城市生活的地方居

---

① 《青丘诗集》卷四，第 17a—b 页。

住后,那种吞噬性的忧思与孤寂对于高启的影响可能
逐渐淡化了。此后,他仍会写出悲伤的诗作,但也能够
消除自己的愁绪。一首调寄《酹江月》的抒情词作寄托
了这样的忧思,但其中更多的是对忧思的消解与排遣,
这似乎暗示了高启最后几年的适性自足。这首词题为
《遣愁》:

> 问愁何似?似扫除不断,无根狂絮。应是羁
> 怀难著尽,散入江云江树。夜雨心头,秋风鬓脚,
> 总是相寻处。重门虽掩,几曾障得他住。　　难
> 学卢女情肠,江淹庾信,空赋凄凉句。偏要相欺闲
> 里客,端的此情难恕。见月还悲,逢花也恼,对酒
> 方无虑。他来休怕,但教能遣他去。①

虽然词里风趣地提到了不在意所歌是喜是悲的"卢
女",也提到了更早的江淹《恨别》与庾信《愁赋》,但这
首词的基调还是轻松的,它毕竟展现了高启在面对愁
绪时已经学会了泰然处之。这在另一首更为沉郁的
《独酌》诗中也有所体现:

---

① 《扣舷集》,第4a页。

白日下远川，寒风振高柯。

萧条掩关卧，暮雀忽已过。

我有羁旅愁，郁如抱沉疴。

起坐呼清尊，独饮还独歌。

一斟解物累，再酌回天和。

数觞竟复醺，翻恨愁无多。

所以古达士，但饮不顾他。

回头向妇笑，戚戚终如何。①

妻子同高启一并感受着对生活的知足。当他以这种方式排解忧思时，她是他善解人意的知己。这在另一首题为《示内》的诗中得到了印证：

不寻生计只寻春，寄语山妻莫漫嗔。

且放疏狂醉杯酒，圣恩元许作闲人。②

231

"山妻"是以一种幽默的方式暗示自己的乡村生活。高启的妻子出身文雅的家室，因此他才会与她这样说笑。皇帝的恩典使高启得以成为闲散之人，而妻子的理解无疑比圣恩更能使他在这些年里坚定地走上自己选

---

① 《青丘诗集》卷六，第 16b 页。

② 《青丘遗诗》，第 13b 页。

择的道路。在后期的诗作里,高启对生活充满了知足,
他没有被忧思所侵袭,也没有被偶尔的自责所困扰。

高启后期最好的作品是《出郊抵东屯》五首,这组
诗是他在一次定期过访大树村时所写。他继承的家业
就在那里,与妻子的家业相邻。这组诗很好地概括了
高启最后几年的心境,全诗如下:

## 其 一

故乡一区田,自我先人遗。

赖此容我懒,不耕坐待炊。

霜露被寒野,属当敛获时。

言来征薄入,税驾宿东陂。

今年虽未丰,亦足疗我饥。

万钟知难称,保此复何辞。

## 其 二

喌喌鸡登场,秋稼稍狼藉。

疏榆荫门巷,景暗烟火夕。

田家虽作苦,于世寡忧戚。

况当收获景,斗酒复可适。

所以沮溺徒,①躬耕不辞剧。

232

① 长沮与桀溺是古时的两位隐者,典出《论语·微子》。

## 其 三

我本东皋氓，偶往住州城。

兹来卧农舍，顿惬田野情。

如鱼反故渊，悠然乐其生。

临去谢主媪，重来自藜羹。

我非催租吏，叩门勿相惊。

## 其 四

朝服久已解，俨然山泽臞。

欲狎林野人，相欢混贤愚。

朝来此水滨，高歌步踟蹰。

忽逢一田父，舍耕拜路隅。

疑我是长官，怪我体貌殊。

我已忘所有，彼我未忘欤？

不能使争席，心愧御寇徒。

## 其 五

坐久体不适，卷书出柴关。

临流偶西望，正见秦余山。

野净寒木疏，川长暝禽还。

此中忽有得，怡然散襟颜。

遂同樵牧归，歌笑落日间。①

233

① 《青丘诗集》卷三，第 22b—23b 页。

# 第九章
## 灾 难

1374 年，高启三十八岁。在他眼中，自己已经是一
个苍老且颓废的人，经历了人世间的一切，终于理解了
何为人生。此外，高启是一个诗人，其巨大的潜能几乎
是在全面地发展。如果高启的生命得以延续，他或许
会继续引领着十四世纪诗歌的发展，甚至将来在另一
位皇帝的统治下再次入仕朝廷，有可能获得一个与文
学相关的职位。但是这样的人生并没能延续下去。在
1374 年农历三月，高启遭遇了如此残忍且无理的结局，
以至于后人试图寻觅着比历史记载更为合理的解释。

高启之死的起因是一首诗，这首诗把高启与苏州
知府魏观的一个官方活动联系到了一起，而这个活动
似乎有着极具煽动性的意义。魏观认为，知府的郡治

与自己的住所处于一个潮湿的地方，位置很差，此处以前是另一个政府机构的办公场所。此时，魏观正在积极地筹备着重建苏州的工作。为了寻找一个合适的办公地点，他询问了以前府治的所在，发现那些建筑早年已被张士诚接管，并被其改造为处理政治事务的宫殿。1366 年，当徐达的部队成功占领苏州城时，这些建筑被完全摧毁，只剩下一堆废墟。魏观很自然地决定在此处进行重建，毕竟这里一直都是府治所在。同时，他还疏浚了一条穿过城市的重要水道，并将其再次开放给商业使用。这需要付出巨大的民力，但也同样有利于民。苏州城的民众一定会注意到，昔日张士诚的宫殿废址正在重建，而当年张士诚①乘坐着豪华游船游的那条水道正在疏浚，即将再次投入使用。在疏浚的过程中，人们发现了一方旧砚，据推测这方砚台颇有些历史意义；王彝曾写诗纪念此事，对发现这方砚台的地点作出了历史联想。② 在一次同样普通的官方活动中，高启按照惯例写了一首题为《郡治上梁》的贺诗：

郡治新还旧观雄，文梁高举跨晴空。

---

① 译者注：魏观疏浚的河道名为"锦帆泾"，是昔日夫差的行舟水道，因其乘锦帆游乐而得名。
② 译者注：王彝所作《佳砚颂》，今已亡佚。

南山久养干云器，东海初生贯日虹。

欲与龙庭宣化远，还开燕寝赋诗工。

大材今作黄堂用，民庶多归广庇中。①

　　尽管略有些敷衍，这首诗依然很优雅。诗中所用 236
的典故都是很恰当的类型，并没有映射或讽刺什么。
"南山"和"东海"是《诗经》中最祥瑞的两则典故，与财
富和长寿有关。"龙庭"是合法王朝的一种标准表达方
式，正如"宣化"的说法一样，公正的朝廷会教化并庇护
其子民，朝廷的影响力逐渐扩大。"黄堂"代指当地的
苏州府治，这是一种非常古老的叫法。最后，"赋诗工"
一句呼应了唐朝诗人韦应物的诗作《郡斋雨中与诸文
士燕集》。韦应物曾是著名的苏州刺史，②他的诗中提
到了苏州的文学成就与富裕资财。这种写法巧妙地赞
美了魏观，因为他既是享誉一方的苏州知府，同时也是
诗人和雅好文学之士。在魏观的官邸，诗人们一定会
聚集在一起，在雅集时争相创作精彩的诗歌，赞美他们
的知府，表达他们对于新王朝的热情，而魏观正是新王

---

① 《青丘诗集》卷十五，第28b页。
② 见《韦江州集》，《四部丛刊》版，卷一，第8b页。

朝的最佳代表。因此,这首诗所表达的不过是传统的情感。①

然而,多疑的皇帝一直关注着朝廷的事务,寻找那些可能揭示出臣子违背皇帝意志的迹象。朱元璋一定听到了许多关于苏州的奏报,譬如精力充沛的苏州知府身边聚集了众多知名的学者、文人和退休官员。皇帝派遣了一位监察御史张度②负责报告苏州的各种活动。张度可能私下向皇帝奏报,称魏观等人所从事的活动远远超出了常规的政务职责。为了坐实这一指控,他公开宣称魏观"兴既灭之基",也就是说,已被明军摧毁的基业在魏观的手里重又复建。魏观将张士诚的宫殿旧址还原为府治,但在张度的描述里,这个行为听起来有些阴险。或许是热心的张度迫切地希望为皇帝做出重大贡献,也或许是他发自内心地认为苏州人不应对一位知府怀有如此热忱,除非他们是蓄意谋反。皇帝很轻易便被说服了。一个被正义的明朝征服者夷为平地的标志性建筑在魏观手中重建,这合适吗? 难

① 按照惯例,高启理应在同一场合还撰有一篇《上梁文》,但这篇文章没有存留下来。
② 在明初的历史中有两位张度,都没有什么名气,也没有留下什么生平信息。陆钦《病逸漫记》中指出,弹劾魏观的张度是广东人;见《说库》,第 29 册,第 4b 页。没有资料能说明张度弹劾魏观并牵连高启、王彝的动机。

道这不是反明情绪的证据吗？还有什么地方的反明情绪会比苏州更强烈呢？

皇帝盛怒，下令即刻逮捕魏观并将其处决。在明朝初年，往往不会遵循正常的审讯程序——不会假装调查情况或收集证据；对于那些已经宣判的案件，也不会自动延缓，等到秋季审查死刑判决，冬季再执行死刑。当皇帝的怒火被激起时，他迅速采取行动，以儆效尤。重要的是，皇帝需要在不断扩大的官僚群体中间保证自己的权威。魏观是兼具修养、干才与自信的学者型官僚的典范。出其不意地打击魏观，会让整个朝廷和各省官僚的心中产生恐惧。恐吓可以使他们保持温驯、顺从。也许以上就是这位喜怒无常的皇帝的推理方式，也许他真的觉得在苏州有反叛的行为。现在保留下来的全部文本内容只是那份正式的指控，因此我们也只能猜测皇帝在那一刻的想法。正式的指控暗示魏观谋反，因此他被处以死刑。

魏观的"反叛"与"煽动"行为，意味着有人企图恢复已经被瓦解的张士诚政权，同时意味着苏州的民众中还有同伙。无论皇帝是否真的相信这场阴谋，或者他只是借这个事件为契机，通过迅猛无情的反击手段来恐吓苏州地区和整个官僚机构，这都需要其他苏州人的脑袋和魏观的脑袋一起掉落。高启对魏观谋反行

238

为表示祝贺的诗句，本身就足以被牵扯进来。王彝在疏浚河道时所写的《佳砚颂》，其中提到了张士诚的奢靡生活，这算是间接证据，但也可以用来罗织罪名。这两个人都被锁上铁链，押送南京，在南京被迅速地、残酷地处死。高启的判决是腰斩弃市。在不到一个月的时间里，三人都被处死。

高启被卷入的原因，是否仅仅是因为他写了这首贺诗？在高启死后不久，以及后世不断涌现出的私修史书中都在暗示，高启在南京居住、任职的两年间内，曾因为另一首诗激怒了皇帝，据说这首诗狡猾且放肆地影射了皇帝本人。① 这看起来很难成立，因为如果真的发生了这样的事件，我们没有理由去相信，朱元璋会耐心地等待时机进行报复，而且朱元璋也不会隐瞒自己对这首诗真实含义的理解。另一方面，朱元璋对高启的怀疑是完全合理的。由于此前拒绝接受新王朝授予的高位和荣誉，拒绝以官员的身份为朝廷效忠，高启

---

① 这个观点可参阅：傅路德（L. C. Goodrich）译，顾颉刚著，《明朝文字狱研究》，《哈佛亚洲研究学报》，第 3 卷，第 3/4 期，1938 年 12 月，第 254 至 311 页。顾颉刚重复了《明史·高启传》（卷二百八十五）中的一个观点，即"启尝赋诗，有所讽刺，帝之未发也"。这没有任何证据，而且似乎是一种完全不必要的猜测。沈兼士在《中国文学史论集》（台北，1958 年，第三册，第 845—852 页）的《高启》一文中引用了相关诗句，并给出了传统的解释，但是没有给出任何证据加以证明。

和王彝都非常可疑。除此之外,张度可以告诉皇帝,众所周知,高启对于军事史和兵法感兴趣,他与张士诚政权的野心家、阴谋家有联系,十年前高启在一群颇有些抱负的英杰中间扮演着重要的角色。高启不正是身负专门知识与才干的危险之人吗?他不正是近来失意而又假意隐居的阴谋之士吗?当时的情况很可能是,高启的过去出卖了他。朱元璋可以借此良机摧毁一个潜在的危险人物。不久之后,皇帝将系统性地清理他的帝国,甚至是那些曾经帮助过自己上台的人,因为现在皇帝已经平定天下,策划起义和领导军队所需的人才不再有用武之地了。皇帝很可能心中想到,他所憎恨与忌惮的两类敌人在一个人身上有所体现;或许在皇帝眼中,高启是一个傲慢狡猾且目空一切的文人,而将来一旦出现反对自己的统治的新军事力量,高启则又会是一个潜在的谋士。既然如此,眼下就除掉高启,何乐而不为?

240

然而一个月后,皇帝更加冷静地重审时局,认为自己在魏观案上确有过错。他发现自己误杀了最能干、最忠诚的仆人。皇帝公开承认了自己的错误,下令由国家出资为魏观举行休面的丧礼并安葬。魏观的家人得到了补偿。曾经跟随魏观学习的皇子们也可以公开地纪念魏观。这是极少数的朱元璋公开承认错误的事情之一。这意味着，高启和王彝的罪责也可以被消除了，但是皇帝没有就这一问题公开发表声明，此事仍然含糊不清，难以认定。高启的家人找回了高启的尸体，带回家安葬。朋友们写下悲痛的诗篇，悼念高启的离世。大约三十年后，高启的内侄收集了高启的诗作，并悄悄地准备出版。苏州的人们记住了高启，当地的史书总是自豪地提到他，并引用他撰写的当地名胜的诗句。甚至在高启死后五年编纂刊行的地方志里，也谨慎地收录了他的诗歌，不过终究不敢附上高启的生平小传。后世的总集编选者从未忘记收录高启其人其诗，经常称他是明初第一诗人，并且为他的冤死而哀悼。

由于一个公认不存在的罪行而受到了残忍的惩罚，高启的生命和他的身体一样被拦腰斩断。高启的诗人生涯，那汇聚了一代英才的文学生活，都被毫无意义地扼杀了。此后不久，那一代英才中的许多人都像高启一样被处死了。徐贲作为一个职位较低的地方行政官僚找到了自己的前途，但他后来卷入了可疑的罪案，下狱论死。1379 年，等待处决的徐贲在狱中绝食而亡。张羽也在一个次要机构中担任末职，他于 1385 年被迫自尽，因为他知道自己无法躲避愤怒的皇帝。杨基犯了一些小错误被判处苦役，很快便死于困苦的生活,这也正是判他苦役的初衷。王行及其子因熟知兵法而卷入了1393年名将被告发谋反的朝廷大案,整个家族数千人株连坐死。① 高启早年的许多朋友都与这位暴君发生过冲突,惨死于洪武朝。明初诗歌的精华也随着他们的离世而消失。暴政下的凄惨岁月已然开始,并持续了整整三十年,这使得见证王朝建立的那一代英杰所开创的事业陷入了困局。即使高启没有在这个时候以这种方式死去,明朝的气氛也会越来越让他感到困扰,他在不久前刚刚获得的满足感也会变成痛苦的挫败感。

朋友们在听闻高启死讯后纷纷写诗或文章来表达他们的悲痛。其中,张羽写下了许多最触动人心的诗作。在魏观执政的第一年,张羽便回到苏州,和高启一样与魏观共事,因此也陪伴高启走到了最后。张羽在一首诗里写道,长夜无眠,自己独坐床前,一边观察夜空中的月亮和星星,一边思考;他说:"明月有盈亏,轨度岂无常?南箕与北斗,万古不更张。人事有大谬,天道信茫茫。"在得知高启离世的消息后,张羽作组诗三首,充分地表达了众人对于高启的惋惜之情,同时他们坚信诗人高启的成就是经久不灭的:

242

---

① 译者注:原文作徐贲卒于1376年、张羽卒于1373年,记蓝玉案为1390年。

## 悼高青丘季迪三首

### 其　一

灯前把卷泪双垂，妻子惊看那得知。

江上故人身已没，箧中寻得寄来诗。

### 其　二

消息初传信又疑，君亡谁复可言诗。

中郎幼女今痴小，遗稿千篇付与谁。

### 其　三

生平意气竟何为，无禄无田最可悲。①

赖有声名消不得，汉家乐府盛唐诗。②

243　　张羽代朋友们表达了对高启高尚人格与诗歌造诣的信心，这种信心并非虚誉。然而，高启的离世以及后来这些友人的相继谢世，对于诗歌而言，对于中国而言，都是巨大的损失。尽管这一系列事件发生在振奋人心的民族复兴时期，朝廷成功地激发了民众的力量，再次规划了一个宏伟的蓝图；然而与此同时，高启的离世则象征着中华文化中许多美好的东西被摧毁了。

---

① 　想想高启遗孀和孩子们的困境。

② 　《青丘诗全集》，《四部备要》版，附录，第3b页。

# 第十章
# 落　幕


　　尽管明代的文学批评极具活力,呈现出中国思想
史一个有趣的面向,但这对于我们评估当时的诗人并
没有太大帮助。尤其是在十五世纪后半叶,文学评论
家更加关注如何去定义八世纪上半叶的"盛唐诗"中那
些让诗歌变得伟大的因素。一方面,处于主导地位的
复古派愈发狭隘地界定着这个标准,另一方面,少数的
"性灵派"激烈地否定着这个标准,因此,像高启这样的
诗人,他们的成就往往会被遮蔽。由于高启擅长针对
过去的诗体进行再创造,且拥有着高超的技巧,因此性
灵派诗人并不推崇他——性灵派诗人拒绝任何对于过
去的效法。但高启也没有将自己局限于刻板地摹拟
"盛唐"的那几位大家,因此复古派诗人也不甚重视他。

因此，正如后世的许多诗人一样，高启被放在这两种极为造作、不切实际的标准之间。尽管高启是一位真正的诗人，他并没有获得相应的关注。大多数明代及清代初期的总集于这两种标准中只取一方，尽管它们都承认高启是那个时代的伟大诗人，但普遍倾向却是不对他进行讨论。

直到十八世纪，上述这些倾向在很大程度上已经过时，因此高启的诗歌和同时代一些人的作品才再度获得了重视。赵翼是杰出的学者和历史学家，也是十八世纪的优秀诗人之一，传统文学批评中对高启最好的评价或许就出自赵翼笔下。赵翼认为，高启以高超的技巧重现了过去几位伟大诗人的风格，包括唐代的杜甫、韩愈、白居易、李商隐、温庭筠，以及宋代的黄庭坚。① 最重要的是，高启诗集中那些拥有英雄般豪放气概的佳作，甚至可以混入李白集中，被后世当作是唐代大家的手笔。赵翼为这些说法都举出了令人信服的例证。然而，这并不意味着高启只是一个机智的模仿者。那些僵化的、毫无生气的模仿成了此后明代诗歌的弊病；相比之下，赵翼认为高启拥有从过去的作品中汲取灵感的能力，因此证明其最具创造性的、无与伦比的诗

---

① 　译者注：此处误读赵翼原文"黄庭经"为"黄庭坚"。赵翼所提及的高启诗歌为游仙之类。

歌天赋。下文摘录自赵翼对诗人高启的评价，以此为高启的人生叙事做结尾是很恰当的：

> 诗至南宋末年，纤薄已极，故元、胡两代诗人，又转而学唐，此亦风气循环往复，自然之势也。元末明初，杨铁崖最为巨擘。然险怪仿昌谷，妖丽仿温、李，以之自成一家则可，究非康庄大道。当时王常宗已以"文妖"①目之，未可为后生取法也。惟高青丘才气超迈，音节响亮，②宗派唐人，而自出新意，一涉笔即有博大昌明气象，亦关有明一代文运。论者推为开国诗人第一，信不虚也。

246

在讨论了高启擅长的历代诗风之后，赵翼总结了高启的成就：

---

① 王彝对杨维桢的描述在第七章中已有讨论。赵翼认为高启是诗歌发展的一个转折点，从杨维桢的极端风格转变为更具实质性的发展方向，高启折衷地回顾了先前各个时代的最佳作品。高启究竟是实现了这一转变，还是仅仅在他所处的时代最成功地体现了这一变化，这是一个可以讨论的问题。

② "音节"实际上是一个专业术语，但这里它显然是指广义上的音节，因此有必要翻译。关于"音节"的详细技术性讨论，见郭绍虞：《论中国文学中的音节问题》，《开明书店二十周年纪念文集》(上海，1947 年)。

故学唐而不为唐所囿。后来学唐者，李、何辈①袭其面貌，仿其声调，而神理索然。

独青丘如天半朱霞，映照下界，至今犹光景常新，则其天分不可及也。

惜乎年仅三十九，遽遭摧殒，遂未能纵横变化，自成一大家。然有明一代诗人，终莫有能及之者。②

---

① 李梦阳、何景明是明代中期复古运动的领袖。
② 赵翼：《瓯北诗话》卷八。以上翻译的部分来自"高青丘诗"条。赵翼的传记可参阅：恒慕义（A. W. Hummel）主编：《清代名人传略》，第75—76页。

# 参考文献简述

全书中高启作品的文献来源是(上海)中华书局出版的《四部备要》版《青丘诗集注》六册,这是经过仔细编辑的、十八世纪学者金檀注本的再版。金檀整理的《高启年谱》以及相关的补充材料,例如不同版本的序文、跋文、传记等内容也都收录其中。其中包含以下不同的集子:最主要的是《青丘诗集》十八卷;补充的《青丘遗诗》一卷;短小的词集《扣舷集》一卷;散文集《凫藻集》五卷。

研究中国十四世纪历史的专家学者应会注意到,本书对于明初历史的介绍既非陈词滥调,也并不缺乏事实依据。凡是事实存疑但同时又与本书的话题高度相关之处,书内的观点都有所依据,或者至少说明了史料来源。

从元代走向灭亡到明代伊始的几十年(尤其是第一章中所论及的)，这一时期此起彼伏的叛乱，构成了中国历史上最迷人也最复杂的时期之一，这便是高启人生的主要生活背景。作者多年来一直研究这一时期，并对研究结果进行了概括性的总结。但出于以下两个原因，在本书中对这一时期的所有事件详加铺叙并不合适。首先，对于熟悉这一时期历史的人而言，其中大部分内容均可算作"常识"。其次，无论如何，这段历史只构成了这个故事的背景，并非这个故事的主题。

以下清单是作者在写作本书时感到最为有用的资料。这份清单是非常有选择性的，包括了作者在写作本书时明确想到的书籍，但在许多情况下没有具体引用。如果该书已经被收录在傅吾康(Wolfgang Franke)的《明代历史重要中文文献的基本信息》中(成都，1948年)，则在方括号中给出傅吾康书内的编号，书后的介绍和评论则予以省略。

《太祖高皇帝实录》，1418年编。石板影印本，南京，1940年。普林斯顿大学图书馆的晚明钞本(存疑)中缺少与高启生平有关的数卷。[1]

何乔远：《名山藏》，1640年序。[16]

焦竑：《国朝献徵录》，1594年，国会图书馆微缩胶卷。[32]

李贽:《续藏书》,1611 年。[39]

郎瑛:《七修类稿》,十六世纪中期。[45]

《皇朝本纪》。[61](又作《明本纪》,王崇武整理本,上海,1947 年。)

权衡:《庚申外史》,1370 年前后。[64]

吴宽:《平吴录》,十五世纪晚期,《纪录汇编》版。[65]

童承叙:《平汉录》,十六世纪中期,《纪录汇编》版。[66]

《明史》,钦定本,1679—1739 年。[257]

谷应泰:《明史纪事本末》,1658 年。[259]

傅维麟:《明书》,十七世纪中期。[260]

陈田:《明诗纪事》,1897 年。[272]

叶子奇:《草木子》。哲学评论和历史笔记的集合,编写者与高启处于同一时代。

陶宗仪:《辍耕录》,1366 年。一部宝贵的笔记以及有关元末事件的亲历纪实。

葛寅亮:《金陵梵刹志》,1627 年序;1936 年重印本。一部关于南京佛教寺庙历史的大型地方志,着重于元明时期的历史。

《(洪武)苏州府志》,1379 年。(国会图书馆微缩胶卷)苏州府的地方志,在高启死后五年编印。书中有关于苏州地区非常丰富的史料。

251

钱谦益：《群雄事略》，十七世纪中期。一部历史材料汇编，构成了针对元末各次叛乱的叙述。（收于《适园丛书》。）

支伟成：《吴王张士诚载记》，1932年。一本老式的、相当不严谨的关于张士诚叛乱的纪年，有几篇附录包含了传记和其他材料。这本书比较有用，尝试从一个非明朝的角度来看待这段历史，但这一尝试并不彻底。

252　吴晗：《朱元璋传》，1948年。一部非常有效的针对明朝创始人的传记，由专门研究明朝历史的著名现代学者撰写。

近代学者的论文并没有单独列出。王崇武与吴晗的专论特别有价值，但在本书中全面罗列中国、日本和西方学者的论文是不太合适的。

# 译后记

牟复礼(Frederick W. Mote, 1922—2005)是普林斯顿大学东亚系的奠基人,主要研究方向是中国历史。其影响力最大的作品是一部长达一千余页的英文专著《帝制中国：900—1800 年》(*Imperial China, 900—1800*),由哈佛大学出版社于 2003 年出版,之后便成为了在西方学习中国历史的必读书,然而这部作品尚未被翻译成中文。在国内备受关注的则是牟复礼与杜希德(Denis Twitchett)共同主编的《剑桥中国明代史》上下两卷,这两部著作已经被翻译成了中文,由中国社会科学出版社出版,其重要性无须赘述。牟复礼单独撰写的部分是上卷的第一章《明王朝的兴起,1330—1367 年》与第六章《成化和弘治统治时期,1465—1505 年》。

除了历史研究之外,牟复礼也很关注中国思想的发展变化。北京大学出版社曾于 2009 年翻译并出版了牟复礼的《中国思想之渊源》一书。该书英文版由麦格劳·希尔公司(McGraw-Hill)于 1971 年出版，其主旨是向西方读者介绍构筑了中华文明的几种基本思想，是学习中国文化的必读书。1979 年，牟复礼将萧公权的《中国政治思想史》翻译成英文并由普林斯顿大学出版社出版，此后也引发了西方汉学界对于中国哲学研究的关注。

以上提到的几本著作都是牟复礼在其研究生涯的中晚期完成的，其早期的研究成果在国内并没有太高的知名度。牟复礼的博士论文题为《陶宗仪及其〈辍耕录〉》(T'ao Tsung-i and his *Cho Keng Lu*)，完成时间是 1954 年，但并未出版。从这篇博士论文便可以看到，牟复礼对于中国文学也拥有着较为浓厚的兴趣；华盛顿大学的评审委员会在该论文的评语中写道："他(牟复礼)深入研究了该作者(陶宗仪)的诗歌和其他作品，解读其人生与哲学，这篇论文的贡献是让我们理解了一位生平事迹并不是很清晰的人物。"(He has gone into the poetry and other writings of the author to throw light on his life and philosophy, and thus contributes substantially to our knowledge of a man whose life has been unfortunately buried in comparative obscurity.）八年后的 1962 年,《诗人高启：1336—1374 年》①（*The Poet Kao Ch'i: 1336—1374*）一书由普林斯顿大学出版社出版。

在《诗人高启》出版之后的几年里,西方汉学界最重要的几种期刊上均刊发了关于此书的书评：1962 年《美国东方学会学报》（*Journal of the American Oriental Society*）刊发的刘若愚（James J. Y. Liu）的书评,1963 年《哈佛亚洲研究学报》（*Harvard Journal of Asiatic Studies*）刊发的杨联陞（Lien-Sheng Yang）的书评,1964 年《伦敦大学亚非学院学报》（*Bulletin of the School of Oriental and African Studies*, *University of London*）刊发的韩南（Patrick D. Hanan）的书评,1964 年《通报》（*T'oung Pao*）刊发的侯思孟（Donald Holzman）的书评,1965 年《亚洲艺术》（*Artibus Asiae*）刊发的李铸晋（Chu-tsing Li）的书评。刘若愚、侯思孟、韩南是中国文学方面的专家,杨联陞的主要研究方向是中国历史,李铸晋的专长是艺术史——撰写书评学者们从事的专业不同,也恰恰能够说明这部书获得了当时各个学术领域的普遍关注。

---

① 本译著在出版时综合各种因素,为平衡忠实与显豁,定名为"高启：诗人的穷途",下文多就英语原著而论,故仍简称为《诗人高启》。

刘若愚在其书评中很好地总结了《诗人高启》在四个方面的意义。首先，这是一部关于高启的传记，目的是让西方读者了解这位重要的中国诗人。其次，通过高启的一生，读者可以更深入地了解元末明初那段复杂的历史。再次，这部书实践了"文史不分家"的学术原则。最后，这部书提供了一个有趣的视角让读者了解什么是中国文化中的"英雄主义"。因此，我们也遵循着刘若愚的思路来探讨本书的一些特点。

毫无疑问，从十四世纪开始直到现在，我们对于高启的认知是非常碎片化的。造成碎片化认知的主要原因，则是相关历史文献的缺乏。几位书评作者都不约而同地谈到了相关文献缺乏的问题，甚至牟复礼自己对此也有明确的认识。但是，为了提供一个相对"完整"的人物传记，此时作者可以尝试的，则正是合理的推测与积极的建构。尽管这种研究方法或许会被某些严苛的考据学者所质疑，甚至牟复礼自己也在第四章的开篇提到，"从诸多的碎片中重构出完整的画面，其中有巨大的风险，然而历史学家们往往乐于冒险前进……尽管重构所得出的一致性令人满意，但这毕竟只是某种程度的推测"（第 91—92 页）。但实际上，一定程度的推测与建构恰恰能够提升读者的阅读体验，而且这也是现代学术研究可以考虑借鉴的。对于西方读者而言,中国是个陌生的文明,元末明初是个陌生的环境,高启是个陌生的人物,只有流畅的叙事才可以缓解读者的隔阂感——甚至是对于绝大多数中国读者而言也是如此。

牟复礼通过高启的视角来让西方读者了解元末明初那段混乱的历史,这种写作方式得到了几位书评作者的共同肯定。牟复礼的文字富有戏剧性,他尝试用幽默生动的笔法刻画了当时诸多的风云人物——无论是花费较多笔墨的方国珍、张士诚、陈友谅、朱元璋,抑或是几笔带过的脱脱、徐寿辉、危素、魏观等人——牟复礼尽可能地为西方读者勾勒出了其人最明显的特点。值得一提的是,牟复礼所在《剑桥中国明代史》上卷负责撰写的第一章《明王朝的兴起》与《诗人高启》所涵盖的是相同的历史时段。英文版的《剑桥中国明代史》上卷出版于1988年,距离《诗人高启》的出版已有二十余年的时间,但牟复礼对于元末明初这一历史时期的学术兴趣并未消退;一些内容被继承下来并有所增补,另有一些内容在表述细节上有所变化。如果将两部作品对比阅读,我们便会意识到,由于书籍性质的差异,牟复礼在《剑桥中国明代史》中采用的是更加全面客观的论述方式,而《诗人高启》采用的是一种在当时看来颇为超前的、近似于现今流行的"微历史"的写作策略，因为这样才能够为西方读者带来更为直观且轻松的阅读体验。

牟复礼在引言中提到，"在中国学界有一句箴言'文史不分家'，这一洞见及其必要性虽被广泛接纳，却并未被充分地实践"（第3—4页）。尽管"文史不分家"的原则确实被学术界普遍接受，不过实际上，每位学者对这一箴言的理解都是不同的，甚至于这一洞见本身便拥有不同层面的意义。在牟复礼看来，当时研究历史的学者普遍更加关注狭义的"历史文献"，而忽略了"文学文献"可能拥有的史学价值，因此他才会特意说明，文学作品"在本书中将作为主要的历史材料被使用"。由此可知，牟复礼对于"文史不分家"的认知是偏向于文献层面的。然而以现在的眼光重新审视这一问题，早前文献层面的认知差异或许会导致文学研究与史学研究产生一定的分歧，那么经历了数十年的发展，如今学界已然破除了在文献层面的僵化理解，而是在阐释层面推进认知方式的更新。一方面，略带些许攻击性的"一切文学皆史学"抑或是"一切史学皆文学"的论调或许要比"文史不分家"的箴言更能推动学术的发展；另一方面，折中调和的"文化史"概念的提出似乎有意弥缝因僵硬的学科设置而导致的文学研究与史学研究的割裂感。无论如何，"何谓文学"与"何谓史学"的虚幻命题永远会困扰着一代代学者,而在具体分析研究时,我们终究需要谨记"文学创作的真实不等于历史考订的事实,因此不能机械地用考据来测验文学作品的真实,恰像不能天真地靠文学作品来供给历史的事实"(钱锺书《宋诗选注·序》)。

牟复礼别出心裁的一点,是将西方的"英雄主义"与中国文化中的"英雄主义"进行对照解读。提到"英雄",最先进入人们脑海的,或许是那个身穿格子短裙的蓝脸壮汉手持斩剑与圆盾呼号着冲向敌阵的样子,或许是那个头戴考克帽胯下骑着骏马的矮小男人在战场上挥手的样子,但绝不会是一个宽袍长袖的文弱书生形象。在这本书中,牟复礼希望赋予"英雄"这一概念更为丰富的内涵,尤其是用中国特有的文化传统来进一步阐释人文价值的意义所在。值得注意的是,本书中的"英雄"一词,在原文语境中大多是以形容词的形式出现的。这也就意味着,牟复礼所理解的"英雄"并非狭隘的个人崇拜,而是对于某种行为原则的总括性描述——具体来讲,便是读书人对于社会的责任。正如牟复礼在引言中所述,"这是一种儒家英雄式的美德,与西方通常表述里的英雄主义存在巨大的差异。这种英雄主义反映了中国人的宇宙观,并且将中国文化传统中的人文价值具象化"(第6页)。

尽管牟复礼撰写的是一部历史著作，但《诗人高启》在文学领域内的学术史意义毋庸置疑。当时，西方学术界对于中国文学的认知非常有限，几乎所有的书评撰写者都承认，在这部专著出现之前，西方没有人知道高启是谁。而在此书出版之后，西方汉学家在编选的中国诗歌选译集时，往往都会将高启的作品纳入其中。高启的文学史地位也因此得以巩固，《剑桥中国文学史》下卷第一章《明代前中期文学》中涉及明代初期文学发展的总篇幅不过十一页而已，但作者孙康宜在其中花费了近四页讨论高启。同时，孙康宜还转引了齐皎瀚（Jonathan Chaves）的论断："正是牟复礼教授的著作使得高启成为'西方最知名的中国明代诗人'。"

时隔六十年后重温这部著作，毕竟还是会给我们带来一定的隔阂感。导致这种隔阂感的原因未必是随着时代的变迁，学术研究的目的与方法逐渐发展变化，更关键的很可能是文化差异——确切地说，是读者（而不是作者）的教育与文化背景的差异而导致的隔阂感。

当我们阅读西方汉学家的著作时，最容易忽视的一点，正是其预期读者群体与我们是完全不同的。更直白地说，西方汉学家的著作根本不是写给中国读者看的，更不是写给中国学界看的。一旦意识到这个简单的事实,我们才能进一步思索,为什么这部书会采用这种方式来展示诗人高启的一生?作者真正想说却没有直接说出来的内容是什么?

我们首先需要了解的是,《诗人高启》一书的预设读者到底是谁?或者说绝大多数西方汉学著作的预设群体是谁?一小部分同行学者确实会仔细阅读此书。然而这一小部分人的具体数量是多少?即便是最为大胆的揣测,恐怕也没有人敢说当时研读此书的同行学者(包括在读博士)会超过百人。在西方学术体系之内,汉学研究本身就是一个极为边缘的学科,受到的关注极其有限。即便是最受重视的历史学科,即便是当时炙手可热的研究话题,汉学同行学者的数量也屈指可数。因此,对于必须考虑市场问题的出版社而言,这一小部分读者甚至可以忽略不计。

西方汉学著作的预期读者群体,恰恰是一群不认识中国文字,不知道中国诗歌,不清楚何为元代、何为明代的人。但是他们大多理解何为"文学",知道"十四世纪"的一些重要概念,并且有一定的兴趣去了解本土之外的文化。他们普遍接受过人文艺术方面的本科教育,在工作之余也有读书的习惯。更重要的是,他们拥有较好的经济条件,甚至愿意在1962年时花费六块半美金购买一部充满着陌生名词的261页的精装书籍。

如果这个"性价比"确实无法接受，读者也可以轻松地在当地图书馆免费借阅——我们手边的这本书便是于1963年一月被英国利物浦的公共图书馆购买收藏。利物浦以航海、制造业闻名，与美国东海岸有着固定的航线联络，因此不难推断出当时书籍的采买路径。在意料之内的是，借阅卡上显示此书无人问津，最终从图书馆撤出，流入了旧书市场。理论上讲，这是大多数的汉学著作的归宿。

汉学著作的主要读者群体大多是西方社会中的"中产阶级"。这些读者大多浸淫于西方的精英文化，在面对其他不同文化时或多或少都会抱持着一定的优越感——这是由于工业革命之后数百年的历史演变而产生的集体意识。而老一辈汉学家的责任，亦可谓其天真的理想，便是将中国文化用西方读者可以接受的方式进行推广，破除西方中心主义在人们心中的幻象。本质上讲，汉学家的研究与著述是在促进世界文化的多元化发展，他们试图让其读者理解，不同的文化底蕴与共通的人类情感之间并不存在任何矛盾。然而不得不承认的事实是，汉学家终究是西方学术体系中极度边缘的群体。

选择西方读者可以接受的推广方式却并非易事，或者说让西方读者对一个陌生文化产生兴趣是非常困难的,因此作者在写作时多少需要考虑读者的阅读习惯、知识储备、文化背景。历史研究著作容易出现的问题是,过多的陌生名词及其背后指代的关联性可能会毁掉一部分读者的阅读兴趣,而追求完备的宏大叙事与结构性框架更是让另一部分读者昏昏欲睡。因此,以单一人物作为对象来映射历史的整体发展,这种写法能够有效地吸引读者的注意力。且不论传记写作在西方文化中有着极强的传统,单人视角让读者可以专注于故事的连贯性,更有代入感,进而理解当时的历史环境会给人心造成何种的影响。另外值得一提的是,在近三十年里,研究明清文学的汉学著作确实会倾向于采取类似的单人视角,而且都具有一定的传记色彩,例如何景明、陈继儒、郑燮、袁枚、郑珍、黄遵宪。毕竟,这些人物对于西方读者而言都是极为陌生的(或许对于中国读者而言也是很陌生的),采用这种呈现方式是比较合理的。

以中国文学家为研究对象,另一个问题便是如何让西方读者理解中国文学的审美价值与文化价值——在此就不得不言及古代诗歌的翻译问题了。不同类型的写作针对不同的读者群体,因此翻译者必定会谨慎地选取其翻译策略。一种是所谓的"汉学翻译",即忠实于中文原文,力求还原每一个字的具体含义,甚至是保证词性与语法结构上尽可能贴合原文的译法——学者们在撰写严肃的学术分析论文或论著时大多会选择这种译法，毕竟作为读者的同行学者们都能理解中英两种语言。另一种是所谓的"文学翻译"，为了保证译文的语义基本通顺，翻译时必定会调整原文的表达方式，甚至偶尔增补和改写句子内容，这样做是为了更贴合读者的文化背景——不过这种译法与屡屡遭人唾弃的"伪译"（pseudo-translation）恐怕只有一墙之隔。汉学家的苦恼，是在这两种翻译策略之间徘徊游走。前者或许没有什么审美价值可言，而后者或许无法折射出原本的文化价值。然而无论是哪种译法，翻译成何种样貌，必定都会遭到文学评论家的批判（可参阅艾略特·温伯格的《观看王维的十九种方式》，或许应称之为"批判翻译的二十九种方式"）。

西方汉学界针对明清诗歌的翻译，缺乏的恰恰是多样性。毕竟明清诗歌的数量已经多到无法统计，没有几首诗歌作品可以奢侈地"享有"几种不同的译本。因此，"首次被翻译"的重要性便被凸显了出来，这直接等同于该作品在西方世界"经典化"历程的开端。早在1960年代，西方汉学界的唐代诗歌研究都尚未形成风气，而牟复礼系统性地翻译了明代高启的百余首作品，可谓开创了一个新的学术领域。然而让我们很感兴趣的是,我们发现了一些原作者对于中文诗歌理解上的问题。当然,我们并不会因为发现了前人的疏漏而感到沾沾自喜——毕竟这是六十年前的著作,如果我们发现不了翻译问题,那才是学术发展的真正悲哀。这些翻译问题让我们更加深刻地意识到,中国古典文学在西方的推广,是随着一代代汉学家的努力翻译而逐渐实现的——正如牟复礼在引言中所说,"通过这本书,我也希望高启能够得到其他诗人译者的关注"(第5页)。我们也希望今后能够看到更多的高启诗歌的翻译,甚至也希望看到针对高启某个作品的多种译本的比对研究,而不再是空泛地强调其文学地位、文学价值的文学史论述。

当然,翻译《诗人高启》的根本原因,是我们自己希望能够仔细读一读这部著作。尽管此前曾经粗粗地翻阅过此书,但真正地通过翻译来进行研读时,自然又会有新的发现,产生不同的理解。如果说牟复礼为西方读者刻画了"诗人英雄"的高启形象,描绘了高启在不同人生阶段所做出的抉择,那身处现代的中国读者从同样的文献材料中又会读到什么?我们是否会看到一个"中二"的少年,"躺平"的青年人,"人在家中坐,锅从天上来"的中年人?或许传记的意义不仅仅在于如何理解其人其世,更是在于反思自己与世界的关系,以及在混乱变动的世界中那些恒定不变的无能与无奈。通过翻译这部书，我们更期待读者对于高启其人能够有自己的理解，不要让权威阐释成为限制自己思想的枷锁。

本书的翻译过程分为了两个阶段，第一阶段是严格的"汉学翻译"，我们尽可能还原原书的句法与写作风格，这是为了保证对于原文的准确理解，因此牺牲了句子的通顺表达。在此过程中，我们尤其感谢北京大学的胡琦老师。作为本书的"第一读者"，胡琦老师指出了初稿中的一些错误，提出了润色的建议，并且一边说着无法激起任何波澜的冷笑话，一边与我们商讨具体的翻译策略。同时，我们也很感谢宋佳霖、韩雪弘、黎慧三位同学。宋佳霖找到了许多原书中没有标注出处的原始文献，韩雪弘核查了翻译初稿中遗漏的英文原文，黎慧校对了高启诗歌引文中的错别字。

在初稿完成后，我们与出版社的两位编辑刘赛、彭华进行讨论，决定再进行第二阶段的"文学翻译"，调整行文的语序和句法，希望现有的表达方式能够更加贴近中国读者的阅读习惯。在这一阶段完成后，我们委托某位不宜透露姓名的宋佳霖同学作为"第二读者"，尝试采用更严苛的学术视角，使用更文雅的词汇对全书进行批判式的修正。很有趣的是，分歧也就此产生。

一方面,历史研究的积习让"第二读者"非常强调学术的严谨性,或是费尽心力找寻哪位人物是作者提到的"刚刚去世的原平江路达鲁花赤""防守城池的汉人副官""杭州的地方官",或是从外部文献与文本的内部证据尝试纠正原作者对于高启诗歌的误读与过度阐释。但是一贯慵懒的译者却并不太想深究,或是认为"六十""贡师泰""达识帖睦迩"这类的名字对于绝大多数中文读者而言也没有什么信息性可言,或是认为诗歌被创作出来的根本目的就是被误读(因为只有误读才有助于建构诗人的单纯形象)。另一方面,对于"文学性"有莫名执念的"第二读者"认为翻译务必要遵循"信达雅"的最高标准(比如将显得较为啰唆的数个短句子尽力组合成一个长句),且不宜使用过多的主观口语表达(比如译文初稿中屡屡出现的"我们"一词被大量删减)。但患有阅读障碍症的译者但凡看到笔画复杂的汉字与不知所云的成语就会感到头疼,也更倾向于在翻译时呈现出作者原本那略显絮叨的大白话写作风格。不幸的译校者被夹在中间左右为难。但无论如何,"第二读者"对于翻译原则的坚持是很有代表性的,而本书呈现的也正是妥协之后的样貌。但至于具体是何人在何处以何种方式做出的妥协,只能留待读者去揣测了。

本书在翻译过程中所面临的问题应该是共通的，想必每一位译者都会对类似的问题有所纠结，而反复地思考与尝试则正是我们从翻译实践中收获的最佳奖励。限于学力，译文如有疏漏，完全是我们的责任。最后，非常感谢为生活所迫不得已扮演"催稿"角色的彭华认真负责的监督与编辑工作，让这部书得以顺利出版，否则以我们的性格，这部书或许会成为高启七百年诞辰的献礼之作。

颜子楠

2023 年 8 月 8 日

## 图书在版编目(CIP)数据

高启：诗人的穷途 /（美）牟复礼
(Frederick W. Mote)著；颜子楠译. —上海：上海
古籍出版社，2024.3（2024.5 重印）

　ISBN 978-7-5732-1022-7

　Ⅰ.①高… Ⅱ.①牟… ②颜… Ⅲ.①高启(1336-
1374)—传记　Ⅳ.①K825.6

中国国家版本馆 CIP 数据核字(2024)第 038086 号

### 高启：诗人的穷途

〔美〕牟复礼(Frederick W. Mote)　著

颜子楠　译

叶　晔　校

上海古籍出版社出版发行

（上海市闵行区号景路 159 弄 1-5 号 A 座 5F　邮政编码 201101）

（1）网址：www.guji.com.cn

（2）E-mail：guji1@guji.com.cn

（3）易文网址：www.ewen.co

山东韵杰文化科技有限公司印刷

开本 787×1092　1/32　印张 9.125　插页 4　字数 181,000

2024 年 3 月第 1 版　2024 年 5 月第 2 次印刷

印数：3,101—5,200

ISBN 978-7-5732-1022-7

I·3792　定价：58.00 元

如有质量问题，请与承印公司联系